北京市习近平新时代中国特色社会主义思想研究中心

北京市社会科学院研究基地
成果汇编

No.2

北京市社会科学院　编

社会科学文献出版社
SOCIAL SCIENCES ACADEMIC PRESS (CHINA)

编委会

前　言

　　2018 年 2 月，北京市出台了《北京市习近平新时代中国特色社会主义思想研究中心建设实施方案》，北京市社会科学院正式挂牌"北京市习近平新时代中国特色社会主义思想研究中心研究基地"。

　　自成立以来，北京市社会科学院研究基地工作成效显著。在建设过程中，一是强化党组领导，基地负责人以身作则。党组书记担任基地主任，落实党管基地第一责任，总体负责基地全面建设工作；院长担任基地常务主任，确保各项任务全面落实。主管科研副院长和主管意识形态工作副院长分别担任执行主任和首席专家，基地秘书处设在院科研处，首席专家带头撰写发表 3 篇理论文章。二是加强规范化建设，完善激励机制。制定《北京市习近平新时代中国特色社会主义思想研究中心北京市社会科学院研究基地管理细则（试行）》，明确基地主要职责、组织机构、条件保障、考核评估机制等。制订激励政策，凡以市中心名义署名在"三报一刊"（《人民日报》、《光明日报》、《经济日报》、《求是》）发表的理论文章作为单位成果奖励、职称评定、年度科研量化考核、课题结项、优秀人才推荐的重要内容，并进一步探索加大激励的措施，引导科研人员将主要精力放在高质量成果的产出上。三是注重内部挖潜，打造过硬团队。坚持以"一个核心团队、一批重要研究学科、多方研究力量协同"为基地运行原则；在各种全院工作会议上反复强调研究基地建设目标和研究方向，多次召开研究基地会议、专题讨论基地建设工作；广泛动员全院科研人员积极参加，并在综合考虑专业方向和既有研究成果基础上，在全院遴选出优秀专家组成核心团队持续开展研究阐释工作。本着"内部挖潜力、开门办基地"的原则，适时调整扩充核心团队成员队伍，逐步形成一批动态化、梯队式的高素质人才队伍。目前核心团队成员 26 人，青年骨干人才占 44.5%。四是整合优质资源，确保成果质量。基地坚持以课题为依托，创新性地与智库建设密切配合，培育一批以习近平新时代中国特色社会主义思想和十九大精神阐释为主题的研究项目，增强我院科研人员在"三报一刊"发表理论文章的研究基础和能动性。同时，将严格管理贯穿课题立项、开题、研究、结项各个环节，确保在研究资源和政策等方面向提升基地课题质量倾斜。五是推进网纸媒体融合，搭建传播平台。在我院主管主办的中文核心期刊《北京社会科学》上，新增"学习贯彻十九大精神"的栏目，加强对习近平新时代中国特色社会主义思想的解读传播。通过院微信公众号"首都社科之窗"及时推介基地优秀研究成果。搭建首都社科论坛、青年学者沙龙和首都社科专题研讨会等多形式、多层次的学术交流平台，抓好习近平新时代中国特色社会主义思想研究阐释，形成传播高地。

2019 年度我院研究基地在"三报一刊"共发表重头理论文章 18 篇，在"一报一刊"（《北京日报》、《前线》）共发表研究阐释文章 15 篇。

本书在编辑出版过程中，得到了相关作者和研究基地的大力支持与配合，再次表示衷心感谢！

目　录

理论篇

实践篇

理论篇

不断推进当代中国马克思主义的理论创新[*]

杨　奎[**]

习近平总书记在庆祝改革开放 40 周年大会上发表的重要讲话，用"一次伟大觉醒"和"一次伟大革命"高度概括与评价了改革开放的重要历史地位，系统阐释了近代以来中国"三大历史性事件"、"三大里程碑"与"三次伟大飞跃"的历史逻辑，用"十个始终坚持"深刻总结了改革开放 40 年积累的宝贵经验和精神财富，在把握"三大规律"基础上提出的"九个必须坚持"，为"前进道路上"推进实践创新和理论创新指明了方向。

坚持当代中国马克思主义的指导地位不动摇

习近平总书记指出："必须坚持马克思主义指导地位，不断

　* 原载《光明日报》2019 年 1 月 15 日。

　** 杨奎，北京市社会科学院副院长、研究员，全国党建研究会特邀研究员，中国马克思主义哲学史学会常务理事、副秘书长，中国马克思恩格斯研究会常务理事，入选北京市社科理论人才"百人工程"。

推进实践基础上的理论创新。"40 年改革开放是中国人民在马克思主义理论指导下进行的成功道路实践，40 年改革开放的道路探索与实践创新，又极大地丰富了当代中国马克思主义的科学内涵和时代意蕴。

要用马克思主义中国化最新理论成果凝聚共识。习近平新时代中国特色社会主义思想是马克思主义同当代中国最新实践相结合的产物，是 21 世纪马克思主义、当代中国马克思主义，需要在实践中学习，在学习中领会，在领会中融会贯通。把握这一重要思想科学性、时代性、人民性、实践性、世界性的理论品质，理解这一重要思想为人民谋幸福、为民族谋复兴、为世界做贡献的精神品质。不断坚定对马克思主义的信仰，不断坚定对中国特色社会主义的信念，不断坚定对实现中华民族伟大复兴中国梦的信心，画出当代中国马克思主义的"最大思想同心圆"。

要立足中国国情，把握时代脉搏。离开中国实际和时代发展来谈马克思主义没有意义，把马克思主义同它在现实生活中的生动发展割裂开来同样没有出路。要直面中国经济发展进入新常态、世界经济发展进入转型期、世界科技发展酝酿新突破的发展格局，用唯物史观深入研究共产党执政规律、社会主义建设规律、人类社会发展规律，坚持问题导向，把握新时代社会主要矛盾的新变化与我国长期处于社会主义初级阶段没有变的深刻内涵，开展调查研究，聚焦人民日益增长的美好生活需要和不平衡不充分的发展之间的矛盾，以"改造世界"的勇气和"钉钉子"的精神，破除一切利益固化的藩篱，将新时代改革开放不断推向前进。

要用马克思主义科学方法指导实践创新。恩格斯说："马克思的整个世界观不是教义，而是方法。它提供的不是现成的教条，而是进一步研究的出发点和供这种研究使用的方法。"我们要自觉运用唯物辩证法指导思维创新，把握好顶层设计与摸着石头过河的辩证关系，把握好加快推进局部性改革与稳步推进全局性改革的辩证关系，不断在实践创新中检验理论创新，在方法论创新中构建和完善当代中国马克思主义的科学思维方式。

坚持推进当代中国马克思主义理论创新不动摇

马克思主义理论不是教条而是行动指南，是开放的科学而不是"绝对精神"，必须随着实践的变化而发展。中国的改革开放实践永远在路上，当代中国马克思主义理论创新也永远在路上。

要坚守马克思主义"一脉相承"的原则和立场。马克思和恩格斯在 19 世纪 40 年代创立马克思主义时，就反复强调，要把他们的理论和具体实践相结合。回顾马克思主义中国化历程，正是以毛泽东、邓小平、江泽民、胡锦涛、习近平等同志为代表的中国共产党人，在马克思主义理论与中国具体实践相结合的"脉"上下了苦"功夫"，在与教条主义和经验主义斗争的"承"上用了真"功夫"，中国共产党才形成了中国革命、建设和改革开放的马克思主义中国化理论成果，用实践检验了只有社会主义才能救中国、只有中国特色社会主义才能发展中国、只有坚持和发展中国特色社会主义才能实现中华民族伟大复兴。

要弘扬马克思主义"与时俱进"的理论品质。马克思主义是取之不尽的精神宝藏。它与时俱进，是能够不断吸收时代精华、永远发展的科学理论，它和故步自封、骄傲自满永远对立。新时代新实践需要新本领，需要我们以不断学习、永不满足的态度对待马克思主义经典，以终身学习的执着念好马克思主

"真经"。只有在系统学习中切实把握马克思主义理论产生发展的历史，才能在深刻领悟中，不断运用当代中国马克思主义实践的观点、历史的观点、辩证的观点、发展的观点认识新情况、解决新问题。

要以解放思想、实事求是的态度对待马克思主义。习近平总书记指出："实践发展永无止境，解放思想永无止境。"实践创新基础上的理论创新是一项严肃而异常艰巨的工作，既需要我们坚定不移地坚持马克思主义立场观点和方法，又需要我们坚定不移地弘扬勇于追求真理和探索真理的革命精神；既需要我们自觉地把思想认识从一些不合时宜的观念和做法中解放出来，从主观主义和形而上学的桎梏中解放出来，又需要我们同一切马克思主义的污名化、解构化、边缘化现象展开旗帜鲜明的斗争，不断提高辨别能力，牢牢掌握马克思主义意识形态的话语权。

坚持加强党的领导和尊重人民首创精神相结合不动摇

理论只有关怀现实，才能永葆其生命力；理论只要彻底，就能说服人，就能掌握群众。实现理论彻底的前提，需要理论能够抓住客观事物的根本，当前这个"根本"就是中国特色社会主义的历史必然性及其本质。

要坚持马克思主义政党理论自觉。习近平总书记指出："发展 21 世纪马克思主义、当代中国马克思主义，是当代中国共产党人责无旁贷的历史责任。"中国共产党在 40 年改革开放的探索中，围绕"什么是社会主义、怎样建设社会主义""建设什么样的党、怎样建设党""实现什么样的发展、怎样发展""新时代坚持和发展什么样的中国特色社会主义、怎样坚持和发展中国特色社会主义"这些事关民族前途和国家命运重大问题的思考，逐步形成了邓小平理论、"三个代表"重要思想、科学发展观、习近平新时代中国特色社会主义思想，中国特色社会主义理论体系不断完善和发展，不断开辟马克思主义中国化的新境界。

要尊重人民群众的首创精神。是否始终站在最广大人民根本利益的立场上，是区分唯物史观和唯心史观的分水岭，也是判断马克思主义政党的试金石。党只有把尊重人民首创精神与满足人民群众创新需求统一起来，把激发人民创新活力同提高民族文明素质结合起来，以解决人民最关心、最直接、最现实的利益问题为重点，使改革发展成果更多地惠及人民群众，才能最大限度地激发人民群众的创新热情和创造活力，才能不断丰富当代中国马克思主义在中华大地上的生动实践。

要在伟大实践中检验发展真理。我们要倍加珍惜改革开放实践创新取得的解放思想理论成果，继续把马克思主义理论创新同我国具体实际、历史文化传统、时代要求紧密结合起来，把坚持四项基本原则同坚持改革开放结合起来，把完善社会主义基本制度同发展市场经济结合起来，把改革、发展、稳定紧密结合起来，在当代中国马克思主义指引下，将新时代改革开放的伟大革命进行到底。

聚焦"八字方针"
深化供给侧结构性改革[*]

马一德[**]

中央经济工作会议提出,我国经济运行主要矛盾仍然是供给侧结构性的,必须坚持以供给侧结构性改革为主线不动摇,更多采取改革的办法,更多运用市场化、法治化手段,在"巩固、增强、提升、畅通"八个字上下功夫。这为当前和今后一个时期深化供给侧结构性改革、推动经济高质量发展指明了航向。

我国经济已由高速增长阶段转向高质量发展阶段,推进供给侧结构性改革,是推动我国经济实现高质量发展的必然要求,也是一场必须要打赢的硬仗。总的来看,供给侧结构性改革已取得阶段性显著成效,但仍面临一些问题和挑战,如在稳增长过程中巩固"三去一降一补"成果的难度加大,市场主体活力

---

* 原载《经济日报》2019 年 1 月 17 日。

** 马一德,北京市社会科学院二级研究员、学科带头人,中国知识产权法学研究会副会长,中国国际经济贸易仲裁委员会仲裁员,最高人民法院特约监督员,中国致公党中央法制建设委员会副主任,北京市政协常委、科技委员会副主任,北京市高级人民法院特邀监督员,中宣部党建理论库专家,入选国家百千万人才工程,获"有突出贡献的中青年专家"称号。

尚未得到充分释放，新旧动能转换的长效机制仍不健全，与高质量发展的要求尚有差距等。当前，我们要紧扣战略机遇期新内涵，坚持以供给侧结构性改革为主线不动摇，深入理解"巩固、增强、提升、畅通"八字方针的要求，并切实加以贯彻落实。

巩固，就是要巩固"三去一降一补"成果，加大破、立、降力度。当前，我国经济运行的主要矛盾仍然是供给侧结构性的。若供给体系不适应需求结构变化，经济就难以实现良性循环。聚焦这个主要矛盾，必须更多运用市场化、法治化手段深化供给侧结构性改革。如通过破产程序的完善，推动更多产能过剩行业加快出清，降低全社会各类营商成本，加大基础设施等领域补短板力度等。

增强，就是要增强微观主体活力，发挥企业和企业家主观能动性，破除各类要素流动壁垒。在外部环境复杂严峻、经济面临下行压力的背景下，要按照中央经济工作会议的部署，深化"四梁八柱"性质的改革，切实转变政府职能，凡是市场能自主调节的就让市场来调节，凡是企业能干的就让企业干。加快国资国企改革，坚持政企分开、政资分开、公平竞争原则，做强做优做大国有资本，加快实现从管企业向管资本转变；打造规范、透明、开放、有活力、有韧性的资本市场；坚决破除民营企业发展障碍，营造法治化制度环境，保护民营企业家人身安全和财产安全，激发各类市场主体活力，切实增强发展内生动力；深入推进"最多跑一次"改革，准确把握政府在创新发展中的角色定位；简政放权，下大力气降低制度性交易成本，通过降低企业用电成本，降低电信资费，降低交通、物流领域收费等途径清理规范涉企收费；加快探索形成负面清单和产业准入的审管分离制度，取消不合理、烦琐的行政审批制度，以政府服务的"加法"换创新发展的"乘法";运用互联网、大数据与云计算等数字技术推进政务信息化,推广智能办公,提高行政效能;以业务外包等方式与市场主体开展合作,提高公共服务的质量和效率;消除阻碍市场主体创新的"痛点"、"难点"和"堵点",加快形成行政效率高、审批少、收费低的法治化营商环境;依法依规实施严格的市场监管,消除信息不对称,促进市场公平竞争。

提升,就是要提升产业链水平,注重利用技术创新和规模效应形成新的竞争优势,加快解决关键核心技术"卡脖子"问题,培育和发展新的产业集群。加大政策支持力度,切实引导和支持土地、金融、创新、人才等要素向传统产业改造提升集聚,促进传统产业向数字化、网络化、智能化升级;推动制造业产业模式和企业形态根本性转变,促进高新技术产业化,推动大数据、新能源、纳米材料等战略新兴技术与产业发展的跨界融合,以数字化、网络化、智能化带动传统产业转型升级,支撑引领新兴产业的集群式发展;加大金融支持力度,发展多层次资本市场,探索投贷联动、科技保险、专利质押融资等融资形式,为制造业企业技术改造和转型升级提供中长期资金供给,促进我国产业迈向全球价值链中高端。

畅通,就是要畅通国民经济循环,形成国内市场和生产主体、经济增长和就业扩大、金融和实体经济良性循环。要加快转变政府科技管理职能,推动创新融通发展,充分发挥科技创新规划和重大科技专项的牵引作用,通过规划和建立产学研合作基地等创新平台,引导科教资源逐步释放,调动各类创新主体深度融合的积极性;升级各类"双创"平台载体,支持企业建立健全科技成果、知识产权归属和利益分享机制;扶持科技型小微企业,引导其在科技成果应用、技术创新、创造就业等方面发挥更大作用；鼓励企业发展知识产权和拥有知名品牌，形成知识产权创造、应用、产业化的良性循环；深入开展服务业综合改革试点，推动先进制造业与现代服务业深度融合，扎实推进国家物流枢纽网络建设等。

增强中心城市辐射带动力[*]

陆小成[**]

日前召开的中央经济工作会议指出，要增强中心城市辐射带动力，形成高质量发展的重要助推力。经过 40 年改革开放，我国经济已由高速增长阶段转向高质量发展阶段，整体经济实力不断增强，但发展不平衡不充分问题依然突出，区域差距依然存在。增强中心城市辐射带动力，是在中国特色社会主义进入新时代，以习近平同志为核心的党中央紧扣我国社会主要矛盾变化，按照区域协调发展要求提出的重要战略谋划，是辐射带动其他区域共同富裕，彰显社会主义制度优越性的重要体现，是释放创新活力，提升发展质量，更好满足人民美好生活需要的重大举措。

增强中心城市辐射带动力的重要意义

助推高质量发展的强大动力。习近平总书记在 2019 年新年贺词中指出，要推动经济高质量发展，加快新旧动能转换。世

* 原载《光明日报》2019 年 1 月 22 日。
** 陆小成，北京市社会科学院市情调查研究中心研究员。

界城市群的发展历程表明，中心城市与其他区域之间的关系是集聚与辐射并存的良性互动过程，即先将资源集聚到中心城市形成增长极，中心城市发展后又对其他区域产生辐射带动作用，形成高质量发展的动力源。当前，我国城市群发展迅猛，但集聚与扩散效应不够强大，能量等级还不能完全与国外发达城市群相提并论。我国紧抓新一轮科技革命和产业革命重大机遇，要增强中心城市的辐射带动力，为创新要素寻找更好空间，进一步解放和发展生产力，加快新旧动能转换，将创新潜力释放到极致，提升城市群整体实力和质量。欠发达地区要加速吸引中心城市资源要素，承接和发展具有比较优势的产业，以科技创新和产业升级布局未来经济发展制高点，发挥后发优势，加快科技资源向生产力转化，助推经济高质量发展。

推动区域协调发展的必然要求。习近平总书记指出，要积极推动城乡区域协调发展，优化现代化经济体系的空间布局。改革开放以来，我国经济实现高速增长，特别是中心城市因资源集聚优势得到快速发展，但也面临着亟待解决的一些难题，比如中心城市"想发展无空间"，建设成本加大，规模效应减弱，存在人口过度膨胀、产业过度集聚、交通过度拥堵、大面积雾霾频现等"城市病"难题。欠发达区域"有空间难发展"，存在要素禀赋先天不足、创新动力不强、发展质量不高等历史性难题。增强中心城市辐射带动力，促进人口、资源与环境的空间均衡，助推传统产业转型升级，培育战略性新兴产业，缩短区域差距，实现区域更高质量、更有效率、更加公平、更可持续的发展。

提升人民获得感的关键举措。习近平总书记在庆祝改革开放40周年大会上指出，让人民共享经济、政治、文化、社会、生态等各方面发展成果，有更多、更直接、更实在的获得感、幸福感、安全感，不断促进人的全面发展、全体人民共同富裕。增强中心城市辐射带动力，既体现以先富带动后富最终实现共同富裕的基本价值取向，又体现全面建成小康社会的必然要求，是对彰显社会主义制度优越性、增强人民获得感的时代诠释。在改革开放初期，中心城市集聚资源实现快速发展，努力把发展的"蛋糕"做大，在经济发展进入更高层次后，以创新引领和辐射带动其他区域发展，为最终实现共同富裕、增进人民福祉做出更大努力，体现以人民为中心的发展思想，让发展成果更多更公平惠及全体人民，提升人民群众获得感、幸福感、安全感。

增强中心城市辐射带动力的实践路径

以"一区多园"为抓手，主动服务国家战略。中心城市应发挥创新资源密集优势，在推进区域协调发展、精准扶贫、乡村振兴等国家重大战略中发挥更大作用。北京以中关村为重要载体，积极响应"一带一路"、京津冀协同发展、雄安新区建设等国家战略需要，以"一区多园"等形式与其他区域共建"雄安新区中关村科技园""江苏中关村科技园""青海中关村高新技术产业基地"等特色园区或基地，先后与全国26个省区市72个地区（单位）建立战略合作关系，共建23个科技成果产业化基地。上海自贸区以"一区多园"模式形成金融、制造业、科创、贸易等多功能集群，发挥辐射带动作用，推动区域协调发展。借鉴北京、上海经验，中心城市不仅要提升自主创新能力，还要发挥创新资源集聚优势，以"一区多园"为抓手，主动服务国家战略布局，引导创新资源向其他区域集聚。要采取存量用地盘活、空间布局优化、科技园区提升等多措并举，统筹我国沿海、沿边及内陆地区协调发展，加强资源共享、产业转化、政策推广，实现产业融合、功能互补和梯度转移，培育高质量发展的新增长点。

以"总部—分支"为引擎，建设现代化经济体系。习近平总书记指出，建设现代化经济体系是跨越关口的迫切要求和我国发展的战略目标。深圳以"总部—分支"模式强化中心城市的辐射带动能力，以"飞地经济"模式构建深汕特别合作区，加快深莞惠一体化、前海深港现代服务业合作区等建设，打造深圳产业转移承接地，加快建设现代化经济体系。借鉴深圳经验，中心城市要弘扬企业家精神，以"总部—分支"为引擎推进资源向其他区域集聚。要鼓励中心城市企业与其他区域开展务实性创新合作，构建协同创新共同体，研发在总部、生产在分支机构，以技术辐射、共建联盟、创立标准等方式设立新的生产研发基地，加快科技成果向其他区域转化，推动产业链条向高端环节延伸，推动互联网、大数据、人工智能和实体经济深度融合，推动中国制造向中国创造转变，加快构建现代化经济体系。

以要素流动为支撑，深化供给侧结构性改革。习近平总书记指出，发展是第一要务，人才是第一资源，创新是第一动力。欠发达地区缺乏技术、人才、资本等创新要素，发展滞后，质量不高，迫切需要打破中心城市的"抽水机"悖论，加快要素流动与资源共享。武汉、长沙、合肥、南昌等中心城市制定人才流动合作协议，推进技术人才资格互认，互派优秀干部和高层次人才挂职锻炼，建立人才需求数据库，消除限制人才流动的身份、户籍、社保等体制性障碍，实现人才无障碍自由流动。要以供给侧结构性改革为主线，以要素自由流动为强大支撑，加强跨区域发展的政策供给与制度创新，强化人才输出与技术辐射，鼓励高校、科研机构进入欠发达地区建立人才创新园，引导高科技人才开展跨区域创业、联合承担科技项目和关键技术联合攻关，以人才引进、挂职锻炼、柔性引进、院士工作站等多种形式打造跨区域人才服务网络，加快科技成果转化，释放创新活力。要将传统行政区划经济转向区域经济，建立跨区域联席会议制度，在招商引资、土地批租、技术开发等方面构建统一规划、统一政策、统一服务、资质互认等机制，构建要素流动大通道，加强跨区域交通、信息等基础设施互联互通，吸引中心城市创新资源要素进入，提高供给体系质量和效益，以多元化的辐射渠道助推高质量发展。

以完善服务为保障，构建高质量发展新格局。欠发达地区缺乏均等化的公共服务，阻碍了人才等创新要素进入。中心城市不仅要加强一般性要素的输出，更要加强企业服务、科技服务、公共服务等输出，为其他区域完善服务、增强吸引力提供保障，形成"创新—引领—示范—辐射—带动—协调"的高质量发展新格局。要制定中心城市辐射带动的相关服务政策，构建区域性公共服务机构与协作组织，强化组织领导、规划引领和考核落实，提升跨部门服务协调能力，建立科学的服务绩效评价体系和激励机制。要强化中心城市名校、三甲医院与其他区域薄弱学校、医院等的"一对一"帮扶，推动统筹社保、养老、医疗等服务无缝对接，实现公共服务均等化供给。增强中心城市辐射带动力，要帮扶其他区域提升服务能力和水平，为创新人才进入消除后顾之忧，也切实提升公共服务质量，提振发展信心，保持经济持续健康发展和社会大局稳定，谱写高质量发展新篇章。

营造海晏河清的政治生态[*]

孙照红[**]

办好中国的事情，关键在党，关键在坚持党要管党、全面从严治党。在庆祝改革开放 40 周年大会上的重要讲话中，习近平总书记强调："我们要以反腐败永远在路上的坚韧和执着，深化标本兼治，坚决清除一切腐败分子，保证干部清正、政府清廉、政治清明，为继续推进改革开放营造海晏河清的政治生态。"始终坚持加强和改善党的领导是改革开放取得伟大成就的根本保证和宝贵经验，全面从严治党、全面净化党内政治生态是加强和改善党的领导的逻辑必然和实践要求。

坚持党的领导是决定党和国家前途命运的重大原则问题

没有共产党就没有新中国和中国特色社会主义。近代以来，中国长期处于内忧外患、积贫积弱、闭关锁国、落后挨打的状态，除中国共产党外，历史上没有其他任何一种政治力量能够成功带领人民改变这种面貌和命运。中国共产党顺应历史潮流、

---

　*　原载《光明日报》2019 年 1 月 25 日。
　**　孙照红，北京市社会科学院科学社会主义研究所副研究员。

勇挑历史重担，团结带领人民实现了从半殖民地半封建社会到民族独立、从新民主主义革命到社会主义革命和建设、从高度集中的计划经济到充满活力的社会主义市场经济、从封闭半封闭到全方位开放、从开启新时期到跨入新世纪、从站上新起点到进入新时代的历史性转变。没有共产党就没有新中国，没有共产党就没有中国特色社会主义。

党的十九大报告提出："从全面建成小康社会到基本实现现代化，再到全面建成社会主义现代化强国，是新时代中国特色社会主义发展的战略安排。"在中国这样一个拥有九百六十多万平方公里、十三亿多人口、发展不平衡不充分的大国实现上述目标确实不易。这需要强有力的政治领导力、思想引领力、群众组织力、社会号召力，以及旺盛的生命力和强大的战斗力。在中国，除了中国共产党之外，没有其他任何力量、任何组织具有这个能力。因此，中国现在进行的和今后要进行的所有事情和重任，都必然地落到中国共产党的身上。这是历史赋予的伟大使命，也是中国共产党的责任担当。也正因如此，习近平总书记强调："在坚持党的领导这个决定党和国家前途命运的重大原则问题上，全党全国必须保持高度的思想自觉、政治自觉、行动自觉，丝毫不能动摇。"

全面从严治党是永葆党的先进性和纯洁性的必然要求

"坚持党的领导，必须不断改善党的领导，让党的领导更加适应实践、时代、人民的要求。"党的先进性、纯洁性和党的执政地位不是与生俱来的，也不是一劳永逸的，因此，加强党的执政能力、先进性和纯洁性建设是党的永恒主题，也是中国共产党一贯强调从严治党的用意之所在。改革开放40年来最宝贵的经验就是始终坚持加强和改善党的领导，积极应对在长期执政和改革开放条件下党面临的各种风险考验，持续推进党的建设新的伟大工程，保持党的先进性和纯洁性，保持党同人民群众的血肉联系。

党的十八大以来，以习近平同志为核心的党中央把"从严治党"升级为"全面从严治党"，并把它与全面建成小康社会、全面深化改革、全面依法治国一起纳入"四个全面"战略布局，不仅意味着管党治党的内容、形式、方法和手段都要更加"全面"、更加"从严"，还彰显了中国共产党敢于自我革命的精神和勇气，更加凸显了中国共产党在新时代坚持和发展中国特色社会主义的核心作用和责任担当。

新时代坚持全面从严治党必须明确党面临的严峻形势和艰巨任务，聚焦解决目前党内存在的突出问题，增强问题意识，强化问题导向。中国特色社会主义进入新时代，世情、国情、党情、社情、民情每时每刻都在发生着变化，各种错综复杂的矛盾和问题仍然叠加聚集，各种深层次问题和难点问题、棘手问题仍然层出不穷。党的十八大以来，全面从严治党的成效卓著，但在肯定成绩的同时也不得不承认，党面临的"四大考验"依旧长期、复杂，党面临的"四大危险"仍然尖锐、严峻，影响和阻碍全面从严治党的各种因素依然存在。因此，全面从严治党的任务并没有终结，全面从严治党永远在路上。

营造海晏河清的政治生态是推动全面
从严治党向纵深发展的内在要求

中国共产党是中国政治系统的核心，中国共产党党内政治生态如何，从根本上决定和主导着整个国家的政治生态。党风好则政风正，政风正则社风民风淳；反之，如果党风不正，政风必然恶化，社风民风必然日下。

党的十八大以来，习近平总书记多次就净化党内政治生态问题发表重要论述，阐释了政治生态结构复杂、极易污染且治理难度大、成本高、耗时久的特点，并以强力反腐治腐、净化党内政治生态为抓手着力推进全面从严治党，反腐败斗争取得压倒性胜利。但是，正如党的十九大报告所总结的："我们党面临的执政环境是复杂的，影响党的先进性、弱化党的纯洁性的因素也是复杂的，党内存在的思想不纯、组织不纯、作风不纯等突出问题尚未得到根本解决。"因此，新时代坚持和发展中国特色社会主义，仍然需要继续坚持全面从严治党的基本方略，需要"全面净化党内政治生态"。

从"净化"到"全面净化"党内政治生态，不只是一个简单的措辞变化，它表明中国共产党对党内政治生态的系统性、全局性和复杂性的理解更为深刻，更加注重全面从严治党的广度、深度、力度和严度。全面净化党内政治生态，就要调动起各方面的积极力量、运用各种方法和手段对党内政治生态的各个领域、各个方面、各个层次进行"全面净化"，党的各级组织和全体党员要全面覆盖，党的政治、思想、组织、作风、纪律、制度、党风廉政建设要全面推进，要坚持思想建党和制度治党同向发力，法治手段和德治手段齐头并进，要以更加自觉的责任担当、更加巨大的政治勇气、更加坚定的党性原则、更加铁腕的治理手段、更加综合的治理方法零容忍、无死角、全方位地管党治党，推动全面从严治党向纵深发展。

规划科学是最大的效益[*]

齐 心[**]

党的十八大以来，习近平总书记不仅对如何制定城市规划提出了许多重要论断，还对制定城市规划的根本依据、规划实施、监督和评价等一系列问题进行了论述。2014 年，他在北京视察工作时指出，考察一个城市首先看规划，规划科学是最大的效益，规划失误是最大的浪费，规划折腾是最大的忌讳。2017 年，习近平总书记再次视察北京工作，强调编制好北京城市总体规划对疏解非首都功能、治理"大城市病"、提高城市发展水平与民生保障服务具有重要意义。

首都城市功能定位是做好规划的根本依据

城市功能是指城市所承担的任务和所发挥的作用。习近平总书记高度重视功能定位对城市发展的决定作用。2010 年 8 月，时任国家副主席的习近平来北京调研。在调研过程中，他要求北京立足首都功能定位，着眼提高"四个服务"水平，努力把

---

[*] 原载《前线》2019 年 3 月 5 日。

[**] 齐心，北京市社会科学院城市问题研究所副所长、研究员。

北京打造成国际活动聚集之都、世界高端企业总部聚集之都、世界高端人才聚集之都、中国特色社会主义先进文化之都、和谐宜居之都。这次重要讲话体现了习近平总书记对"首都功能"的新思考。

2014 年 2 月，习近平总书记视察北京，把脉北京日趋严重的"城市病"，指出北京的问题从表面上看是人口过多带来的，其深层次上是功能太多带来的。他提出，北京首先要明确城市战略定位，坚持和强化全国政治中心、文化中心、国际交往中心、科技创新中心的核心功能，深入实施人文北京、科技北京、绿色北京战略，努力把北京建设成国际一流的和谐宜居之都。在此基础上，要调整疏解非首都核心功能，优化三次产业结构，特别是工业项目选择；有效控制人口规模，促进区域人口均衡分布。

2017 年 2 月，习近平总书记第二次来北京视察工作，在随后的讲话中他要求要结合最新版的规划编制，深入思考"建设一个什么样的首都，怎样建设首都"的问题。"建设一个什么样的首都"的问题就是北京城市功能定位问题。习近平总书记指出，北京要坚持"政治中心、文化中心、国际交往中心、科技创新中心"的战略定位，坚持把建设国际一流的和谐宜居之都作为战略目标，有所为、有所不为，着力提升首都核心功能，有效疏解非首都功能，做到服务保障能力与城市战略定位相适应，人口资源环境与城市战略定位相协调，城市布局与城市战略定位相一致。在这一过程中，还必须处理好"都"与"城"、"舍"与"得"的关系。对于前者，北京要增强首都意识，坚持首都城市战略定位，做到首都的规划建设始终围绕"四个中心"城市战略定位来开展，首都的发展自觉围绕"四个中心"城市战略定位来推进；对于后者，必须紧紧抓住疏解非首都功能这个"牛鼻子"来提升首都功能和发展水平。

科学制定首都城市规划

习近平总书记指出，做好城市工作，首先要认识、尊重、顺应城市发展规律，端正城市发展指导思想。只有科学地编制城市规划，才能实现规划的战略引领和刚性控制作用。在制定城市规划方面，他提出了大量具体要求，为科学制定城市规划提供了重要遵循。

优化城市空间布局。优化城市空间结构布局，是城市规划的主要内容之一。习近平总书记要求降低城市开发强度，统筹生产、生活、生态三大布局，改变城市单中心、"摊大饼"式的发展模式。2013 年 12 月，习近平总书记在中央城镇化工作会议上作重要讲话，他强调，今后城镇建设用地特别是优化开发的三大城市群地区，要以盘活存量为主，不能再无节制扩大建设用地，不是每个城镇都要长成巨人、腰围都要不断扩大。他指出，要根据区域自然条件，科学设置开发强度，尽快划定每个城市特别是特大城市开发边界，把城市放在大自然中，把绿水青山留给城市居民。大城市在发展上不要贪大求多，搞得虚胖，最后患上"城市病"，要逐步形成横向错位发展、纵向分工协作的城市发展格局。2017 年 6 月，在审议北京城市总体规划时，他提出要优化城市空间结构布局，做好不同功能用地加减法，把握职住用地比例，适当"留白增绿"；要坚持人口与建设规模双控，补充完善群众生活必需的公共服务设施，增强群众的获得感。为了破解北京单中心发展的弊端，以习近平同志为核心的党中央果断作出了规划建设北京城市副中心和河北雄安新区的重大战略部署。"一核两翼"的城市空间新格局为北京未

23

来的城市发展提供了广阔的舞台。2019 年伊始,《河北雄安新区总体规划 (2018—2035 年)》和《北京城市副中心控制性详细规划 (街区层面) (2016 年—2035 年)》获中央批复, 在 2019 年 1 月 18 日召开的京津冀协同发展座谈会上, 习近平总书记强调要保持历史耐心和战略定力, 高质量高标准推动雄安新区规划建设; 以北京市级机关搬迁为契机, 高质量推动北京城市副中心规划建设。

打造城市建设精品力作。2014 年, 习近平总书记视察北京, 对北京工作提出 5 点要求, 要求北京提升城市建设特别是基础设施建设质量, 形成适度超前、相互衔接、满足未来需求的功能体系, 遏制"摊大饼"式发展, 以创造历史、追求艺术的高度负责精神, 打造首都建设的精品力作。高标准建设城市的思想特别鲜明地体现在习近平总书记对建设北京城市副中心和雄安新区的要求上。他强调, 北京城市副中心和雄安新区的规划建设, 要能够经得起千年历史检验, 这是我们这一代中国共产党人留给子孙后代的历史遗产。在北京城市副中心考察时, 习近平总书记指出, 站在当前这个时间节点建设北京城市副中心, 要有 21 世纪的眼光, 规划、建设、管理都要坚持高起点、高标准、高水平, 落实世界眼光、国际标准、中国特色、高点定位的要求。不但要搞好总体规划, 还要加强主要功能区块、主要景观、主要建筑物的设计, 体现城市精神、展现城市特色、提升城市魅力。2017 年 2 月 23 日, 习近平总书记到河北雄安新区考察并主持召开座谈会。他指出, 建设雄安新区是一项历史性工程, 一定要保持历史耐心, 有"功成不必在我"的精神境界。2018 年 2 月 22 日, 习近平总书记主持召开中共中央政治局常委会会议。会议强调, 建设雄安新区是千年大计、国家大事, 要保持历史耐心, 稳扎稳打, 一茬接着一茬干, 努力建设高水平的社会主义现代化城市。

统筹城市规划、建设与管理。与城市规划和建设同样重要的还有城市的管理和治理水平。2014 年，习近平总书记在视察北京时，要求北京要健全城市管理体制，提高城市管理水平，尤其要加强市政设施运行管理、交通管理、环境管理、应急管理。他强调，城市管理是一门科学，需要精心打理，打理好了还有很多可以扩展的空间，要求北京加快形成与世界城市相匹配的城市管理能力，城市管理目标、方法、模式都要现代化。2017 年，在审议北京城市总体规划时，他提出北京加强城市精细化管理要走"精治、共治和法治"的路子，要"精治"就要将城市管理的触角向街巷胡同延伸，落实好街巷长制，背街小巷最能体现精细化管理水平。要"共治"就要广泛吸收群众主体参与社会治理，注意推广"朝阳群众""西城大妈"等群众组织经验。要"法治"就要坚持依法治理，对违法建设、开墙打洞等城市乱象，必须坚持依法治理。

重视城市生态环境保护。习近平总书记在 2013 年的中央城镇化工作会议上强调，"城市规划建设的每个细节都要考虑对自然的影响"，要求"建设自然积存、自然渗透、自然净化的海绵城市"。2014 年视察北京时，习近平总书记指出，大气污染防治是北京发展面临的突出问题，并对控制 PM2.5 提出明确要求，要求北京从压减燃煤、严格控车、调整产业、强化管理、联防联控、依法治理等方面采取重大举措，聚焦重点领域，严格指标考核，加强环境执法监管，认真进行责任追究。2017 年再次视察北京工作时，习近平总书记以大气污染和交通拥堵来举例，指出造成问题的因素很多，解决问题也必然是多途径的，需要一个过程，要科学分析、综合施策。

保护历史文化遗产。习近平总书记一贯重视城市历史文化遗产的保护工作，这一点在他主政地方工作时就有所体现。例如在正定工作时，他推动了当地古建筑大佛寺的修缮工作；在福州工作时，时任省长的他为福州市知名文物学者、曾任福州市文物局局长的曾意丹所著《福州古厝》一书作序等。习近平总书记在2014年、2017年两次视察北京，分别对北京的历史文化保护问题作出指示，他指出，北京是中华文明的一张金名片，传承保护好这份宝贵的历史文化遗产是首都的职责，要本着对历史负责、对人民负责的精神，传承城市历史文脉；要构建涵盖旧城、中心城区、市域和京津冀的历史文化名城保护体系，更加精心保护好世界遗产，加强对"三山五园"、名村名镇、传统村落的保护和发展，加强对文物、优秀近现代建筑、工业遗产、非物质文化遗产的保护，凸显北京历史文化的整体价值，突出"首都风范、古都风韵、时代风貌"的城市特色。在谈到通州城市副中心建设时，他强调，通州有不少历史文化遗产，在建设过程中要严加保护。

注重区域协同发展。当今的城市发展更加强调城市之间的协同发展、联动发展，习近平总书记很早就认识到这一城市发展规律。2014年视察北京时，他指出，要解决北京遇到的突出问题，必须要把北京纳入京津冀和环渤海经济区的战略空间中加以考量。2015年在中央城市工作会议上，习近平总书记重点谈了城市协同发展的重要性。他要求各城市群借鉴京津冀协同发展的有效做法，打破在自家"一亩三分地"上转圈圈的思维定式，结合城市定位和功能，有序疏解特大城市非核心功能。要强化大城市对中小城市的辐射和带动作用，逐步形成横向错位发展、纵向分工协作的发展格局。要建立跨地区利益分享机制、创新合作机制。2019年1月16—18日，习近平总书记到雄安新区、天津和北京城市副中心考察，主持召开了京津冀协同发展座谈会并发表重要讲话。在考察过程中，他对推动京津冀协同发展提出 6 方面要求，并指出"京津冀如同一朵花上的花瓣，瓣瓣不同，却瓣瓣同心""我相信京津冀的未来一片光明"。

多措并举确保首都城市规划落实

实行多规合一。2013 年 12 月，习近平总书记在中央城镇化工作会议上发表的重要讲话中提出，"建立空间规划体系""城市规划要由扩张性规划逐步转向限定城市边界、优化空间结构的规划"和"切实保护耕地、园地、菜地等农业空间，划定生态红线""要一张蓝图干到底"等城镇化工作任务，将建立空间规划体系、形成一张蓝图、限定城市发展边界、划定生态红线等工作提到国家政策高度，为"三规合一"工作的开展指明了方向。2017 年习近平总书记在视察北京时再次指示，在规划方式上，要坚持城乡统筹、落实"多规合一"，整合各种空间规划和相关专项规划，形成一本规划、一张蓝图，做到底图叠合、指标统合、政策整合。《北京城市总体规划（2016 年—2035年)》围绕上述意见提出了一系列政策举措。

维护规划的严肃性和权威性。好的蓝图更需要好的执行。近几年，随着我国城镇化的急剧发展，"一任领导一任规划"等尴尬问题不断凸显，如何更好地、更有力地执行城市规划成为一大难题。对此，习近平总书记反复强调，保证规划的严肃性和权威性非常重要。实现这一目标的重要途径之一就是立法。2015 年 12 月，中央城市工作会议在北京举行。习近平总书记强调，要全面贯彻依法治国方针，依法规划、建设、治理城市，促进城市治理体系和治理能力现代化。要健全依法决策的体制机制，把公众参与、专家论证、风险评估等确定为城市重大决策的法定程序。要深入推进城市管理和执法体制改革，确保严格规范公正文明执法。2017 年视察北京时，习近平总书记强调，总体规划经法定程序批准后就具有法定效力，要坚决维护规划的严肃性和权威性。2017 年审议北京城市总体规划时，他再次强调，坚决维护规划的严肃性和权威性。规划一经确定就具有法律效力，不允许任何部门和个人随意修改、违规变更。要以钉钉子精神抓好规划落实。一旦发现违法违规行为，严肃查处，绝不姑息。

坚持以人民为中心的价值立场。"以人民为中心"是习近平新时代中国特色社会主义思想的鲜明特征，体现了我们党全心全意为人民服务的根本宗旨。习近平总书记指出："城市工作做得好不好，老百姓满意不满意，生活方便不方便，城市管理和服务状况是重要评判标准。"中共中央政治局会议也指出要坚持以人民为中心的发展思想，坚持人民城市为人民，从广大市民需要出发。习近平总书记提出，城市规划建设做得好不好，最终要用人民群众满意度来衡量。要坚持人民城市为人民，以市民最关心的问题为导向，提出解决问题的综合方略。要健全制度、完善政策，不断提高民生保障和公共服务供给水平，增强人民群众获得感。

以政法改革推动全面依法治国不断深化[*]

马一德^{**}

新时代的政法事业，其目标是实现人民安居乐业、社会安定有序、国家长治久安。党的十八大以来，党中央把政法工作摆到更加重要的位置来抓，作出了一系列重大决策，实施一系列重大举措，政法工作在建设平安中国、法治中国中的地位更加关键。只有政法工作抓得好，人民群众才能在民主、法治、公平、正义、安全、环境等方面获得满足感、幸福感和安全感。抓好政法工作的关键，必须坚持以习近平新时代中国特色社会主义思想为指导，增强"四个意识"、坚定"四个自信"、做到"两个维护"，将改革创新作为第一动力，履行好维护国家政治安全、确保社会大局稳定、促进社会公平正义、保障人民安居乐业的职责任务，不断谱写政法事业发展新篇章，推动全面依法治国不断深化。

---

* 原载《光明日报》2019 年 3 月 26 日。

** 马一德，北京市社会科学院二级研究员、学科带头人，中国知识产权法学研究会副会长，中国国际经济贸易仲裁委员会仲裁员，最高人民法院特约监督员，中国致公党中央法制建设委员会副主任，北京市政协常委、科技委员会副主任，北京市高级人民法院特邀监督员，中宣部党建理论库专家，入选国家百千万人才工程，获"有突出贡献的中青年专家"称号。

维护国家政治安全

政治安全是国家安全的根本。政治安全决定和影响着国家的经济安全、军事安全、社会安全等各个领域的安全。政治安全是指国家主权、政权、政治制度、政治秩序以及意识形态等方面免受威胁、侵犯、颠覆、破坏的稳定状态。维护国家政治安全要求对外保持中华人民共和国的主权独立、领土完整，对内坚持中国共产党的领导、人民民主专政、社会主义政治制度和社会政治秩序稳定、马克思主义在意识形态领域的指导地位。

维护国家政治安全是政法机关始终要坚守的首要政治任务。维护国家政治安全需要坚持党对政法工作的绝对领导。党的领导是社会主义法治最根本的保证。全面依法治国决不是要削弱党的领导，而是要加强和改善党的领导，不断提高党领导依法治国的能力和水平，巩固党的执政地位。新时代的政法工作，必须坚持党对政法工作的绝对领导不动摇，加强党中央对政法工作的集中统一领导。《中国共产党政法工作条例》规范了党领导政法工作的体制机制、主要内容、方式方法，明确党委政法委员会职能定位，支持和保障司法机关依法独立公正行使职权，集中体现了党领导政法工作的法治化、制度化水平。

维护国家政治安全需要建设高政治觉悟的政法队伍。政法队伍肩负着重大使命，需要确保绝对忠诚、绝对纯洁、绝对可靠。必须着力建设一支忠于党、忠于国家、忠于人民、忠于法律的社会主义法治工作队伍，推进法治专门队伍正规化、专业化、职业化，提高职业素养和专业水平。全体政法干警应当进一步学习贯彻习近平新时代中国特色社会主义思想，不断增强"四个意识"、坚定"四个自信"、做到"两个维护"，完善政法系统内部责任制度，对于违反法定职责的人员绝不姑息，坚决清除害群之马，打造一支纪律严明、行为规范、作风优良的政法铁军，保证法律能够被正确的人正确地适用。

确保社会大局稳定

确保社会大局稳定，需要党委政法委员会的统筹安排。党委政法委员会应当创造公正司法环境，带头依法依规办事，保障宪法法律正确统一实施；遵守和实施宪法法律，推进严格执法、公正司法；研究影响国家安全和社会稳定的重大事项或者重大案件，制定依法处理的原则政策和措施；履行全面从严治党主体责任，加强本单位或者本系统党的建设和政法队伍建设；指导、推动政法单位建立健全与执法司法权运行机制相适应的监督制约体系，构建权责清晰的执法司法责任体系，完善程序化、平台化、公开化管理监督方式。

确保社会大局稳定，需要推进社会治理的现代化，其关键在于把党的领导和我国社会主义制度优势转化为社会治理效能，在遵守宪法的基础上，提高社会治理社会化、法治化、智能化、专业化水平。要创新完善平安建设工作协调机制，制定完善的权责体系，统筹好政法系统和相关部门的资源力量。贯彻落实宪法对基层群众自治组织的规定，完善基层群众自治机制，打造人人有责、人人尽责的社会治理共同体，激发基层社会治理新动能。

确保社会大局稳定，需要把政法队伍专业化建设放到更加重要的位置。以党和国家工作大局为重，以最广大人民根本利益为最高标准，把保障人民安居乐业作为根本目标，着力提升做好新形势下群众工作的能力、维护社会公平正义的能力、信息化应用的能力、拒腐防变的能力，忠诚履行中国特色社会主义事业建设者、捍卫者的神圣使命。要坚持更高标准更严要求，抓紧抓实政法机关自身建设，抓紧关键少数，通过公务员法对政法机关的领导选拔确立更严的标准以确保领导班子的高素质。此外，政法系统内部应当制定严格的规章制度，要做到严管厚爱，坚持严字当头、全面从严、一严到底。

促进社会公平正义

促进社会公平正义，要在更高起点上推进政法系统改革，加快构建优化协同高效的政法机构职能体系，深化司法体制综合配套改革，完善相关制度，出台统一规范，通过改革让人民群众获得更强的满足感。

应当通过立法优化政法机关职权配置，构建各尽其职、配合有力、制约有效的工作体系，推进政法机关内设机构改革，优化职能配置、机构设置、人员编制。最高检通过推动"四大检察"均衡发展来落实：刑事检察突出专业化，捕诉一体，捕与不捕是基础，优质高效诉出是目标；民事检察在"深"字上做文章，加强对深层次违法问题的监督；行政检察围绕行政诉讼监督展开，监督做到精准，抓好典型性、引领性案件的监督；公益检察加大力度，做好与人民法院和有关行政执法部门的衔接，完善顶层设计。

应当全面落实司法责任制，保证司法人员集中精力尽其职责、办好案件。最高人民法院发布的《中国法院的司法改革》白皮书以及《完善人民法院司法责任制的若干意见》建立了法官员额制，完善了人民法院的司法责任制，规定除审判委员会讨论决定的案件以外，院长、副院长、庭长对其未直接参加审理案件的裁判文书不再进行审核签发，通过法律保护法官依法独立履行审判职责，解决了法官的后顾之忧。

高标准统筹推进法治建设。司法行政机关应当全面履行行政立法、行政执法、刑事执行、公共法律服务等职能，加快推出更多惠及民生的法治改革措施，为人民群众提供精准高效的法律保障和法律服务。人民法院应当加快跨域诉讼服务改革，在不违反民事诉讼法的前提下推进跨层级、跨区域立案，解决好异地诉讼难的问题，提高司法质量、效率和公信力。政法机关应当通力合作，聚焦人民群众反映强烈的环境污染等重点领域的突出问题，加大办案力度。加快构建海外安全保护体系，灵活运用属人原则，保障我国的海外机构、人员的合法权益。

保障人民安居乐业

保障人民安居乐业，就要通过立法创造干事创业的良好环境。政法机关应当研究制定工作条例和廉政风险防控指导意见等法律文件，做好司法办案内部制约的制度设计。强化对权力运行监督的目的是保证权力的正确行使，一方面要管住乱用滥用权力的渎职行为，另一方面也要管住不用弃用权力的失职行为，要持续开展"减证便民"行动，整治不担当、不作为、慢作为、假作为，形成激浊扬清、干事创业的良好政治生态。

法院系统要充分认识到执法司法不仅仅是自己的工作，也是化解社会矛盾、促进和谐社会的手段，准确适用法律，充分运用调解等手段，解开当事人的心结，从而实现法律效果与社会效果的有机统一。

检察机关应当做优刑事检察工作、做强民事检察工作、做实行政检察工作、做好公益诉讼检察工作。应当依法履行自身在扫黑除恶专项斗争中的公诉职能，坚持不懈深化扫黑除恶专项斗争，坚持"有黑扫黑、有恶除恶、有乱治乱"，突出查办"保护伞"，严惩严重危害群众生命财产安全犯罪、危害食品药品安全犯罪、电信网络犯罪等，破解生态环境案件确定管辖难、调查取证难、司法鉴定难、法律适用难等问题，同时应当切实纠正有案不立、立而不侦、有罪不究或者降格处理、以罚代刑等问题，落实"平等"二字，坚决杜绝差异性、选择性司法，让人民群众切实感受到公平正义。

司法行政机关需要对自己的定位有充分的认识，依法治理，做好法治建设，兼顾刚性管控与柔性调和，充分发挥自己的职能优势，综合运用法制宣传、人民调解、行政调解以及仲裁等手段，利用自身的行政机关地位，整合社会各界如律师、公证、司法鉴定、法律援助等法律力量，维护人民群众的合法权益，预防和化解社会矛盾与纠纷。同时应当建成覆盖全业务、全时空的法律服务网络，充分发挥律师等法律工作者的力量与作用，建设完善的公共法律服务体系，让城乡居民共享便捷、高效、智能、精准的法律服务。

公安机关应当依法充分履行自己的侦查职责，依法定的权力范围与程序，全力打好重大安保、防范风险、扫黑除恶三场硬仗，同时也要兼顾保障人权理念，深化"放管服"改革，持续提升基层基础工作水平，忠实履行好维护国家政治安全、确保社会大局稳定、促进社会公平正义、保障人民安居乐业的职责任务。

信任关涉满足更多共享需求*

刘　东**

信任感作为一种对公平感知和风险感知最直接的心理反应，也是治理理论研究的重要内容。信任感是满足更多共享需求的精神保障。一个健康社会必须提高公众的信任感，维系和提升各种信任关系，以期有效克服社会焦虑，提升公众的幸福感和安全感。

现代社会高速运转，各种利益关系多元，一些复杂问题凸显。不难发现，一个时期以来无论是在现实还是在网络空间中，社会信任度低是导致热点事件出现的重要原因，这其实也是一些人焦虑的重要原因之一。早在 2006 年，中国青年报社会调查中心就做了一项相关调查，在参与调查的 2134 人中，34.0% 的人表示经常产生焦虑情绪；62.9% 的人表示偶尔焦虑；0.8% 的人表示从没有焦虑过，不足被调查人数的百分之一。时隔 10 年，2016 年 11 月，以这份调查数据为例，社会群体焦虑问题又作为 2017 年国家公务员面试预测试题出现。在 2018 年，"焦虑"一词更成为社会心理领域的热门词汇。

＊　原载《北京日报·理论周刊》2019 年 4 月 15 日。

＊＊　刘东，北京市社会科学院马克思主义理论研究与传播基地研究员。

一个人若整日焦虑，就会使人体的压力、激素水平持续上升，正常的免疫系统就可能受到抑制甚至摧毁。同样，社会焦虑长时间得不到缓解和克服，健康的社会肌体就会受到侵蚀和损害。事实上，在当今社会转型过程中，由于发展和竞争加剧以及各种问题叠加，使一些人产生了忧虑担心和不安全感，对未来缺乏积极预期。由于高房价、高物价、分配不公、腐败等现象的存在，也由于医疗、教育、养老、社会保险、环境污染等领域的问题还没能得到有效解决，又由于消费者对企业与商品不信任情绪的延伸以及公众对网络充斥虚假信息、缺乏信用监管现象的厌恶等，社会焦虑已成为转型期社会心态的一个显著特点。这与2016年底的一项全国社会心态问卷调查的结果也比较吻合，即幸福感得分的分布并不理想；食品安全、个人信息安全和环境安全感低；居民感到生活压力最大的是经济问题；居民整体的社会公平感评价不高。

信任是一个关系到社会治理的深层次问题。一般而言，当社会出现急剧转型时，也正是社会冲突频繁发生、社会心理危机不断涌现之时。不信任感增多会导致社会焦虑，社会焦虑又会进一步加剧社会的不信任，使人们向抵触和不利于社会控制的方向发展，并且最终成为许多社会性事件发生的导火索。"祸之作，不作于作之日，亦必有所由兆"，只有找到产生社会焦虑的深层原因，着力解决好民生问题，提升政府公信力，提高公众信任感，才能逐步克服社会焦虑，才能让公众真正安心放心舒心开心。

当今中国正处在发展的战略机遇期，也可能是矛盾凸显期。习近平总书记指出："改革开放已走过千山万水，但仍需跋山涉水"，任何艰难险阻都不会阻止我们前进的脚步。但需注意，社会总体信任水平低是不利于社会健康发展的，低信任度则会加大社会转型的成本。因此，当信任被破坏和违背之后，应当尽快进行信任修复。必须明确，在国家治理现代化的过程中，诚信是法治政府的基本原则，事关政府公信力，重点在于失信惩戒，关键在于制度落实。制度建设是最根本的，最终只能依靠制度的力量。事实上，显示真诚和善意，努力修复被破坏的信任关系，不仅是对秩序的维护和尊重，也同样具有道德的力量。

法治保障经济高质量发展[*]

马一德^{**}

法治化原则是市场化原则的基础与保障，应坚持新发展理念，以供给侧结构性改革为主线，用法治保障经济高质量发展。

"法治是最好的营商环境"，今年 2 月召开的中央全面依法治国委员会第二次会议强调，要用法治来规范政府和市场的边界，尊重市场经济规律，通过市场化手段，在法治框架内调整各类市场主体的利益关系。

法治化原则是市场化原则的基础与保障，这是法治社会中每个社会主体的行为底线，若逾越了法治"红线"，就会破坏市场经济赖以运转的信用基础，代价将是不可承受的。我们应坚持新发展理念，坚持市场化原则与法治化原则，以供给侧结构性改革为主线，保障经济高质量发展。

实现高质量发展，推进供给侧结构性改革应于法有据。不

---

　* 原载《人民日报》2019 年 5 月 23 日。

　** 马一德，北京市社会科学院二级研究员、学科带头人，中国知识产权法学研究会副会长，中国国际经济贸易仲裁委员会仲裁员，最高人民法院特约监督员，中国致公党中央法制建设委员会副主任，北京市政协常委、科技委员会副主任，北京市高级人民法院特邀监督员，中宣部党建理论库专家，入选国家百千万人才工程，获"有突出贡献的中青年专家"称号。

断提高立法质量和立法效率，通过立法树立平等保护原则，加大对民营企业和中小企业融资的支持力度，保护企业和企业家的人身权益与财产权益，加大对中小企业创新支持力度，建立公平开放透明的市场规则和法治化营商环境。通过完善破产程序，推动更多产能过剩行业加快出清，降低全社会各类营商成本，加大基础设施等领域补短板力度。应当统一裁判标准，完善知识产权司法体系，加强知识产权保护和运用，对侵犯知识产权的不法行为进行打击，注重利用技术创新和规模效应形成新的竞争优势，培育和发展新的产业集群。

实现高质量发展，市场监管上应加快向法治转型。在国企国资方面，要完善法人制度，加快国资国企改革，坚持政企分开、政资分开和公平竞争原则，做强做优做大国有资本，加快实现从管企业向管资本转变。资本市场方面，通过深化改革，充分贯彻证券法对资本市场交易的系列规定，出台与法律相配套的执行措施，打造一个规范、透明、开放、有活力、有韧性的资本市场。在财税体制方面，通过地方性法规建立税法配套措施，切实转变政府职能，大幅减少政府对资源的直接配置，强化事中事后监管。

实现高质量发展，要为加强保障和改善民生提供坚实法治保障。积极有效的社会保障制度能发挥人民群众"安全网"、社会运行"稳定器"的作用，这既要提高行政权力的行使效率，营造良好的执法环境，又要限制行政权力的边界，提高政府的服务意识和能力，充分调动市场和社会的力量。按照"织好网、补短板、兜住底"的要求，在几个重点领域持续发力，通过完善劳动法与社会保险法，充分调动检察院等国家机关的法律监督和相关社会团体的社会监督，确保相关法律得到不折不扣的实施，保障社会的公平与正义，从而使惠民生与保增长、扩内需、调结构、防风险相互协调、齐头并进、相得益彰。

中国在知识产权上不输理[*]

马一德[**]

知识产权是贸易全球化的桥梁和纽带，是全球合作共赢的制度载体。然而，美国一些政客却把它当作大搞贸易摩擦的借口，炮制了"中国是知识产权的盗窃者"和"中国强制技术转让"等论调，向中国极限施压。他们先是依据所谓的"301调查"，指控中国利用不公平的技术转让制度、歧视性的许可限制、有针对性的境外投资、未经授权入侵美国商业计算机网络以及通过互联网进行知识产权盗窃活动等来获取美国技术，后又经政府领导人出面对中国横加指责。例如，2018年10月4日，美国副总统彭斯在哈德逊研究所发表演讲，认为中国"采用了一系列与自由和公平贸易相悖的政策手段，如关税、配额、货币操纵、强制技术转让、知识产权盗窃"。蓬佩奥、班农、纳瓦罗等一班"谋士"同样不遗余力作同样的鼓噪。这些造谣惑

* 原载《求是》2019年第11期。
** 马一德，北京市社会科学院二级研究员、学科带头人，中国知识产权法学研究会副会长，中国国际经济贸易仲裁委员会仲裁员，最高人民法院特约监督员，中国致公党中央法制建设委员会副主任，北京市政协常委、科技委员会副主任，北京市高级人民法院特邀监督员，中宣部党建理论库专家，入选国家百千万人才工程，获"有突出贡献的中青年专家"称号。

众的说辞和做法，实质上包含不可告人的目的，其用意无非是为了继续推行单边主义和贸易保护主义，阻碍中国的发展。事实上，中国一直在不断加大技术创新和知识产权保护力度，致力于推进全球知识产权保护，已经成为全球知识产权治理的典范。美国政客们甩的这样那样的"黑锅"，中国人不背！

中国盗窃知识产权了吗

中国不是知识产权的盗窃者，相反，是知识产权的保护者和创造者。回顾中国知识产权的治理之路，从知识产权保护的起点，到建立起知识产权保护较为完备的、高标准的制度法律体系，中国仅仅走过了40年的历程，这在世界各国中是绝无仅有的。当前，中国正致力于知识产权治理的现代化改革，这将进一步推动中国由知识产权大国向知识产权强国迈进，激励中国更加自信地参与全球创新合作。

中国知识产权立法取得显著成效。知识产权是近代工业文明的产物，清朝末期这一制度引入中国。改革开放以后，我国全面启动知识产权立法工作，截至20世纪90年代中期，我国基本建立起门类齐全、符合国际通行规则的知识产权法律体系，走完了发达国家几十年甚至上百年走过的发展历程。世界知识产权组织前总干事阿帕德·鲍格胥评价道："在知识产权史上，中国完成所有这一切的速度是独一无二的。"2008年，中国国务院颁布实施《国家知识产权战略纲要》，从国家战略的高度对知识产权创造、运用、保护和管理进行统筹布局。党的十八大以来，以习近平同志为核心的党中央高度重视知识产权工作，知识产权治理取得历史性成就。例如，前不久全国人大常委会通过了对商标法做出修改的决定，明确将恶意侵犯商标专用权的赔偿额计算倍数,由修改前的一倍以上三倍以下,提高到一倍以上五倍以下,并将法定赔偿额上限从 300 万元提高到 500 万元,修改条款自 2019 年 11 月 1 日起施行。这样的惩罚性赔偿额度在国际上都是比较高的,彰显了我国加强知识产权保护的决心。

中国在知识产权司法和行政保护上的力度不断加大。一是成立最高人民法院知识产权法庭,在北京、上海、广州设立知识产权法院,在南京、苏州、武汉、西安等 20 个中级人民法院内设立专门审判机构,跨区域管辖知识产权案件,建成了"知识产权上诉法庭 + 知识产权专门法院(法庭)"的知识产权司法审判体系。二是重新组建国家知识产权局,建成了集中、统一、高效的知识产权管理体制。三是针对知识产权重点违法领域,开展专项行动,例如在互联网领域,开展"秋风 2018"、"剑网 2018"及"2018 网剑"等专项行动;在进出口环节,海关总署开展出口优势企业知识产权保护"龙腾"行动;公安机关组织开展打击知识产权犯罪"春雷"行动等系列专项行动。

根据全国打击侵权假冒工作领导小组办公室 2019 年 5 月 15 日发布的《中国知识产权保护与营商环境新进展报告(2018)》统计,2018 年,全国各级审判机关全年审结各类知识产权案件近 32 万件,公安机关侦破各类侵权假冒犯罪案件近 1.9 万件,行政执法机关共查处各类侵权假冒案件约 21.5 万件。2018 年 2 月,美国商会全球知识产权中心(GIPC)发布《2018 年国际知识产权指数报告》,中国位居 50 个经济体的第 25 位,较 2017 年上升 2 位。报告认为,中国在专利权和著作权领域的改革增强了保护力度和执法效果,各级政府和执法机构对知识产权更加重视,研究机构和个人的知识产权意识和运用能力也明显提升。

中国研究与试验发展（R&D）经费的投入与支出增速显著。R&D 经费的投入与支出，是一个国家创造性活跃度的标志，也是一个国家科技创新成果的重要保障。2013—2016 年，中国 R&D 经费年均增长 11.1%，增速世界领先。2017 年，中国 R&D 经费投入总量超 1.76 万亿元，同比增长 12.3%，增速较上年提高 1.7 个百分点；R&D 经费投入强度（R&D 经费与国内生产总值的比值）达到 2.13%。2018 年，中国 R&D 经费支出达到 19657 亿元，投入强度为 2.18%。正是基于持续多年的高强度研发投入，近年来，中国科技创新水平实现新高，"天宫"翱翔、"蛟龙"下水、高铁奔驰、"天眼"探空、"北斗"组网、超算发威、"墨子"传信、大飞机首飞，实现了从过去输出"中国制造"，到如今输出"中国智造"、"中国方案"、"中国标准"的转变。与此同时，中国企业知识产权海外布局能力大幅提升，企业"走出去"能力显著增强。在世界知识产权组织发布的《2018 年全球创新指数报告》中，中国排名第 17 位，首次跻身全球创新指数 20 强。

中国强制技术转让了吗

美方在所谓的"301 调查报告"中，指控中国利用外国所有权限制迫使美国公司向中国实体转让技术，或者使用行政许可和批准程序强制进行技术转让。实际上，市场准入不同于强制技术转让。中国在加入世贸组织时就已承诺，不以技术转让作为核准外商投资项目的前提条件，并对相关法规政策进行了清理。中国没有任何政策、法律和做法要求外国企业必须转让技术给其中国合作伙伴，也没有任何强制要求外国合作伙伴转让技术的法律条款，中国政府审批外商投资更不以技术转让或研发本土化为前提，合资等要求是中国在与包括美国在内的世贸组织成员方加入世贸组织谈判的结果，符合世界贸易组织的相关要求，不是强制技术转让。美国政客要照事实说话，岂能信口雌黄！事实上，面对美国政客的蛮横指责，中方一直在督请美方举证，哪家美国企业被要求强制转让技术了，中方一定严肃查处。至今，美方未能举出一例。

市场行为不等于政府行为。在国际经贸往来中，投资和贸易是市场主体的自愿选择，事实上存在的技术转让并不是政府行为，而是企业市场行为。按照自愿和双方同意的条件进行技术转让，且不受政府干预或扭曲，对中国和美国同样重要，这适用于所有国家。美国企业对华提供技术和经验，中方提供劳动力和其他资源，是企业间的法律关系，是契约行为，双方都是交易受益人，是利益攸关的共同体。改革开放以来，中国对外开放市场，很多外企包括美国企业看到了商机，纷纷到中国投资建厂兴业，他们同中国企业的合作，完全是自愿的。市场经济条件下，遵循意思自治和法治原则，不存在谁强制谁的问题。

考察中国与美国等发达国家合作过程中发生的技术转移现象，会发现这种转移是源自发达国家企业出于利益最大化考虑的主动技术转让及产业转移，是一种常用的商业合作模式。跨国公司在开发新技术的同时，通常需要不断向发展中国家转让已经落后或者是标准化了的技术，以延长依靠旧技术获取利润的时间，并为新技术的研发应用腾出空间和要素资源，同时间接分担研发成本。多年来，美国在华企业通过技术转让与许可获得了巨额利益回报，是技术合作的最大受益者。根据美国商务部经济分析局统计，2016 年，美国货物贸易逆差约为 7500 亿美元，而服务贸易顺差则为 2494 亿美元，其中知识产权使用费超过 800 亿美元。很多美国企业通过在中国设立合资企业实现了巨大收益，获取的利润甚至超过其美国本土利润。

美国政府在知识产权保护上公平吗

美国知识产权发展史，绝不是一部公平史，不公平的双重标准比比皆是。例如，在版权保护领域，美国虽然早在 1790 年就颁布了该国历史上第一部《版权法》，但这部法律只保护美国国民的版权，并不保护外国作者的权益。在建国后 100 多年的时间里，美国出版界在当局的保护下，不受惩罚地盗版他国权利人的作品，其中尤以英国作品为甚。著名的《不列颠百科全书》第一次登陆美国时，就是以盗版的形式出现的。一直到 1891 年，美国才通过新的版权法，对外国人的作品提供保护，但这种保护仍然是附条件的，即外国人的作品必须在美国印刷，这就是美国版权法发展史上恶名昭著的"印制条款"。这一条款直到 1976 年才被废除，此时，距离美国建国已经整整 200 年了。

建国后长达 200 年的时间里，美国对外国权利人提供的知识产权保护十分有限，而且始终低于国际标准，直到 20 世纪 70 年代，随着自身科技文化综合实力的增强，美国才突然转向知识产权强保护，并把知识产权和对外贸易挂钩，以建立技术壁垒，巩固其在国际竞争中的产业和技术优势。美国《1988 年综合贸易与竞争法》正是这一背景下的产物。该法案的绝大多数条文都是为了使贸易政策朝着更加有利于美国的方向倾斜，几乎不考虑他国的利益，其目的即在于强化美国的国际竞争优势地位。如关于贸易壁垒的"超级 301 条款"和关于知识产权保护的"特别 301 条款"。这两个条款成为美国迫使贸易伙伴开放市场、强力推行贸易霸凌主义的利器。例如，20 世纪 80 年代，在美日贸易战最激烈的时刻，美国贸易代表总计向日本发起 24 例 301 条款案件调查，其中大多涉及知识产权问题，迫使日本政府几乎全部做出让步和妥协，自愿限制出口、开放市场和提高对外直接投资等，日本为此先后签署了 1987 年日美半导体协议、1989 年美日结构性障碍协议，最后更是系统性地开放国内市场。通过 301 条款，美国成功地打开了日本的钢铁、电信、医药、半导体等市场。

知识产权也一直被美国一些政客视作限制中国参与全球分工的"撒手锏"。1979 年中美正式建交以来，美国政府先后对中国发起 6 次 301 调查，其中 4 次涉及知识产权问题。2017 年以来，美国政府再次对中国启动 301 调查，指责中国利用不公平的技术转让制度、歧视性许可限制、对外投资政策等措施获取先进技术，以此为由单方挑起中美经贸摩擦、歧视中国产品、滥用"国家安全审查"、使用大量非关税壁垒、滥用贸易救济措施。2018 年 6 月 19 日，美国白宫贸易与生产制造政策办公室发布《中国的经济侵略如何威胁美国和世界的技术与知识产权》报告，该报告将中国的"经济侵略"概括为六项，对中国横加指责。尊重市场，敬畏法治，既是市场经济的基本要求，也是法治社会的当然做法。市场行为，就用市场的办法来解决；法律问题，就用法治的手段来处理。面对企业之间的市场行为、契约行为，美国政府将正常的法律途径和国际规则统统抛诸脑后，既当裁判员，又当运动员，单方面动用国内法律把他国当成制裁的对象，既违背法治，也违背公道。

贸易战能解决知识产权问题吗

随着经济全球化的深入，世界范围内各国经济相互交织、相互影响、相互融合成统一的整体，形成"全球多边市场"、"全球统一市场"，发达国家跨国公司以知识产权为核心打造出新的全球研发、生产网络。一方面，他们整合全球创新资源推进创新研发；另一方面，利用知识产权牢牢占据全球生产价值链上游的高附加值环节。在国家层面，发达国家正通过双边、多边自由贸易协定的形式打造新一轮全球知识产权保护高标准，以巩固全球价值链利益分配格局。当前，围绕国际规则和制度性话语权的竞争越来越激烈，联合国世界知识产权组织、世界贸易组织、G20、亚太经合组织等多边机构，在协调国际经贸关系、制定国际经贸规则、加强全球经济治理等方面的作用日益突出，国际经贸谈判越来越频繁和复杂。各大国无不利用国际机制推进本国战略目标，力图把本国政策升级为全球规则，从而掌握国际知识产权治理规则制定主导权。知识产权作为最具国际化的现代法律制度和规则，已成为世界经济贸易体系的重要支柱之一，也是事关全球经济治理体系改革的重要内容之一。

知识产权制度是全球贸易合作的价值共识和通用规则。平等保护各类市场主体的知识产权，塑造公平、公正、有序、高效的市场环境，应成为世界各国政府的基本立场和价值取向。美国政府在知识产权问题上大搞经济霸权主义是要不得的，这将损害国际社会共同利益，最终也将损害美国自身的利益。随着全球性挑战增多，推进全球治理体制变革，加强全球知识产权保护已是大势所趋。这不仅事关应对各种全球性挑战，而且事关给国际秩序和国际体系定规则、定方向；不仅事关对发展制高点的争夺，而且事关各国在国际秩序和国际体系长远制度性安排中的地位和作用。美国政客制造的贸易摩擦根本不利于知识产权保护，更不是解决全球知识产权保护的方案，而是典型的损人不利己的方案，只有实行多边主义、贸易全球化和法治市场规则，才是解决知识产权问题的正道。

中国坚决推进全球知识产权保护

中国目前已加入了几乎全部国际知识产权条约，与全球 63 个国家、地区和国际组织签订了多双边知识产权合作协议、谅解备忘录等 171 份，与 50 个世界知识产权组织成员国建立正式合作关系，拓展了执法交流合作，有效运用争端解决机制，不断推进全球知识产权善治，与国际社会共同应对知识产权治理的各种问题。2019 年 4 月 26 日，习近平总书记在出席第二届"一带一路"国际合作高峰论坛开幕式上的主旨演讲中再次强调，中国将"全面完善知识产权保护法律体系，大力强化执法，加强对外国知识产权人合法权益的保护"，"中国愿同世界各国加强知识产权保护合作，创造良好创新生态环境，推动同各国在市场化法治化原则基础上开展技术交流合作"。总书记的讲话充分彰显了中国加强知识产权保护的坚强决心。

中国的知识产权保护才刚刚迈过 40 岁的门槛。这 40 年，是知识产权法治逐渐确立、市场在创新资源配置中的决定性作用不断释放的 40 年，是通过不断加强知识产权保护的广度和力度、支撑起创新市场机制顺畅运转的 40 年。现在，中国已成为世界创新格局中的重要一极，发明专利申请量连续 8 年居世界首位。世界知识产权组织数据显示，2018 年中国通过《专利合作条约》途径提交的专利申请受理量达 5.3 万件，仅次于美国的 5.6 万件，居全球第二位。这些成绩的取得与我国对知识产权的有力保护是分不开的。世界知识产权组织总干事弗朗西斯·高锐博士评价道："中国近年来在知识产权事业发展方面成绩卓著，这同中国国家领导人从战略层面高度重视科技、创新和知识产权发展密不可分。作为一个发展中国家，中国在短短40年时间里在知识产权领域取得了不同凡响的成就，有许多成功经验值得同其他国家分享。"由于不断加强知识产权司法保护，中国也成为世界上审理知识产权案件尤其是专利案件最多的国家。苹果与高通发生专利许可费用争执，双方先后在中国提起大量诉讼起诉对方，这事实上就是在用实际行动告诉世界，在中国打知识产权官司是靠得住的，中国对知识产权的保护是值得信赖的。

知识产权是国与国之间技术交流、创新合作的桥梁，中国保护知识产权的步伐只会前进，不会后退，并将以更加积极的姿态参与全球知识产权治理。中国将继续开展全方位、多层次、高水平的国际合作，坚持和捍卫世界贸易组织多边体制框架，携手各国建立共商、共建、共享的知识产权治理格局，反对单边主义，提高发展中国家代表性和发言权，推动构建开放包容、公正合理的知识产权国际规则，努力为全球知识产权保护作出更大贡献。

领导干部应持之以恒锤炼政德[*]

孙照红[**]

国无德不兴，人无德不立，官无德不为。政德不仅是领导干部安身立命之本，关乎领导干部个人形象，更是整个社会道德建设的风向标和政治生态的导航仪，关乎党的执政地位和国家的前途命运。领导干部政德建设事关党和国家兴衰存亡。修订后的《党政领导干部选拔任用工作条例》明确提出，新时代的领导干部要"加强道德修养，讲党性、重品行、作表率，带头践行社会主义核心价值观，廉洁从政、廉洁用权、廉洁修身、廉洁齐家"。

2018年11月26日，中共中央政治局以中国历史上的吏治为主题进行集体学习，习近平总书记主持学习时强调要严把德才标准，坚持公正用人，拓宽用人视野，激励干部积极性，努力造就一支忠诚干净担当的高素质干部队伍。2019年开年伊始，《中共中央关于加强党的政治建设的意见》发布，明确要求领导干部持之以恒锤炼政德，明大德、守公德、严私德。紧随其后，中共中央印发修订后的《党政领导干部选拔任用工作

---

* 原载《光明日报》2019年7月29日。
** 孙照红，北京市社会科学院科学社会主义研究所副研究员。

条例》，再次强调和重申"德才兼备、以德为先，五湖四海、任人唯贤"这一选拔任用党政领导干部必须坚持的原则。

党中央如此重视并紧锣密鼓地出台相关文件，足见领导干部政德建设的重要性和紧迫性。

政德是领导干部为官之魂、从政之基、用权之道。古人云，"德者，得也"。"德"是"得"的前提，"得"是"德"的结果。如果"德"而不"得"，不"德"而"得"，必会善恶不分、是非难辨、黑白颠倒，其社会影响和危害可想而知。习近平总书记就深刻指出："一个地方要实现政通人和、安定有序，必须有良好政治生态。政治生态污浊，就会滋生权欲熏心、阳奉阴违、结党营私、团团伙伙、拉帮结派等一系列问题，侵蚀党的思想道德基础。要严肃党内政治生活，深入整治选人用人不正之风，坚持正确用人导向，真正把忠诚党和人民事业、做人堂堂正正、干事干干净净的干部选拔出来，形成风清气正的良好政治生态。每一位人大代表都要站稳政治立场，增强政治观念、法治观念、群众观念，发挥来自人民、植根人民的特点，接地气、察民情、聚民智，努力做到民有所呼、我有所应。"

持之以恒锤炼政德，必须加强党的政治建设、把政治标准放在首位。习近平总书记指出："政治上有问题的人，能力越强、职位越高，危害就越大。"要把政治忠诚、政治定力、政治担当、政治能力、政治自律等内容落实到干部选拔、任用、考评的全过程之中，不仅听其言、察其表，更观其行、析其里，"把是否忠诚于党和人民，是否具有坚定理想信念，是否增强'四个意识'、坚定'四个自信'，是否坚决维护党中央权威和集中统一领导，是否全面贯彻执行党的理论和路线方针政策，作为衡量干部的第一标准"。把"信念如磐、意志如铁，政治坚定、绝对忠诚，清正廉洁、担当负责"的人选出来、用起来。

要引导领导干部正确处理政绩和政德之间的关系，防止以才代德、以政绩和经济指标代替伦理和道德指标，破除干部选拔和任用工作中的"潜规则"和"逆淘汰"现象。与此同时，要"深入考察道德品行，加强对工作时间之外表现的考察，注重了解社会公德、职业道德、家庭美德、个人品德等方面的情况"。

持之以恒锤炼政德，应充分发挥人民作为权力主体和评价主体的作用。习近平总书记指出，"时代是出卷人，我们是答卷人，人民是阅卷人""人民是真正的英雄""坚持人民主体地位""国家一切权力属于人民"。在我国，公共权力是人民赋予的，领导干部是受人民委托行使权力，按照这个逻辑，权力由谁来代为行使应该由人民来决定，权力行使的好坏应该由人民来评价。个别投机钻营者在上级和领导面前阿谀逢迎、溜须拍马，而在下属和群众面前趾高气扬、盛气凌人，这样的两面人横行官场，严重损坏了党与政府的威信和形象。习近平总书记明确指出："如果群众公认的优秀干部长期被冷落、受排挤，一些投机钻营的人却屡屡得势、顺风顺水，那就肯定出了问题。"《党政领导干部选拔任用工作条例》明确规定，"群众公认度不高的"不能列为党政领导干部的考察对象。因此，在对领导干部的政德考评过程中，要将群众认不认可作为选拔干部的鲜明导向和重要依据，重视下级和基层群众的意见，调动基层群众参与评价的积极性和主动性，提高基层群众的参与度和代表性，建立起一个民意能够顺畅表达和上传的渠道，及时把政治上的两面人辨别出来、挡在门外、清除出去。党委和组织人事部门要自觉接受党内监督、社会监督、群众监督。

持之以恒锤炼政德，应培育良好的社会道德和文化氛围，建立"德者，得也"的社会道德评价体系。为此，应着力提高全民法治意识和道德自觉，使积极的、正面的价值观念、道德准则、精神力量渗透到社会方方面面，营造正气畅通的社会风气；通过奖善罚恶的价值引导，使"德行美好且有用"的理念深入人心，成为人们普遍的道德理念和行为方式；引导全社会通过社会舆论、道德评判等方式行使批评监督权利，对寡德失德的人和事进行舆论监督、制约；充分利用中国的"耻感文化"，将任人唯亲、说情打招呼、跑官要官、买官卖官、拉票贿选等选人用人上的不正之风和腐败行为曝光于大庭广众之下，增加悖德违法行为的心理压力和道德成本。

"红船精神"与新时代基层党建创新[*]

杨　奎[**]

习近平总书记指出："一切向前走，都不能忘记走过的路；走得再远、走到再光辉的未来，也不能忘记走过的过去，不能忘记为什么出发。面向未来，面对挑战，全党同志一定要不忘初心、继续前进。"实现人民幸福、国家富强、民族复兴，需要我们党继续弘扬"红船精神"，在伟大社会革命的斗争中，铸就铁的意志、强化铁的纪律，披荆斩棘、一往无前，团结带领人民群众奋力走好新时代的长征路。

党的基层组织是党的全部工作和战斗力的基础，是宣传党的主张、贯彻党的决定、领导基层治理、团结动员群众、推动改革发展的坚强战斗堡垒。党的基层组织是党的肌体的"神经末梢"，是党联系服务群众的重要纽带，是践行党的宗旨的阵地，是提高党性修养的熔炉，是展现党的形象和作风的旗帜。截至 2018 年 12 月 31 日，我们党现有基层党组织 461 万个。基

---

　*　原载《光明日报》2019 年 7 月 30 日。

　**　杨奎，北京市社会科学院副院长、研究员，全国党建研究会特邀研究员，中国马克思主义哲学史学会常务理事、副秘书长，中国马克思恩格斯研究会常务理事，入选北京市社科理论人才"百人工程"。

础不牢，地动山摇。在任何时候任何情况下，党的基层组织建设都不能放松。抓好党的基层组织建设，推进基层党建工作创新，是不断夯实根基的基础工作。

不忘初心、牢记使命："红船精神"是新时代基层党建创新实践的精神之源

为中国人民谋幸福，为中华民族谋复兴，是中国共产党人的初心和使命，是激励一代代中国共产党人前赴后继、英勇奋斗的根本动力。近代以来中华民族复兴的探索，中国共产党成立、成长和壮大的历程以及新中国成立70年以来建设的生动实践所积累的宝贵经验，是全党和中国人民弥足珍贵的精神财富，是坚持和发展中国特色社会主义的行动指南，是新时代加强党的建设的思想源泉，我们必须倍加珍惜、长期坚持、丰富发展。

用首创精神鼓足新时代基层党建创新的风帆。自诞生之日起，我们党就以马克思列宁主义的普遍真理和中国革命的具体实践相结合作为自己一切工作的指针，担负起民族解放和民族复兴的重任。这一开天辟地的大事变，展开了中国革命的新阶段，党团结带领中国人民经过浴血奋战，打败了日本帝国主义，推翻了国民党反动统治，完成新民主主义革命，建立了中华人民共和国，深刻改变了近代以来中华民族发展的方向和进程。

新中国成立以来，党团结带领人民经过70年社会主义革命和建设，深刻改变了中国人民和中华民族的前途命运、改变了世界发展的趋势和格局。

党的十八大以来，以习近平同志为核心的党中央把全面从严治党纳入"四个全面"战略布局，集中整饬党风，严厉惩治腐败，净化党内政治生态，踏石留印、抓铁有痕，全面从严治

党成效显著，党的领导更加坚强有力。一段时期以来，存在的管党治党"宽松软"的状况在短时间内得到了有效改变，基层党建工作呈现出健康向上的新气象。

当然，面对新时代新情况新变化，一些基层党组织还存在着认识不到位、作风不扎实、机制不顺畅、能力不适应等问题，一些基层党组织弱化、虚化、边缘化的问题依旧突出，这都需要党继续发扬首创精神，敢为人先、大胆探索，以开拓进取的精神推进基层党建创新。

用奋斗精神把稳新时代基层党建创新的航向。坚定理想信念，坚守共产党人精神追求，始终是共产党人安身立命的根本。对马克思主义的信仰，对社会主义和共产主义的信念，是共产党人的命脉和灵魂。不论时代如何变化，不论条件如何变化，中国共产党人都要百折不挠、矢志不渝，始终保持理想信念坚定，保持风雨如磐不动摇，永远为了真理和理想做最坚决的斗争。

理想信念的坚定，百折不挠的奋斗，来自思想和理论的先进。习近平总书记指出："中国共产党之所以能够历经艰难困苦而不断发展壮大，很重要的一个原因就是我们党始终重视思想建党、理论强党，使全党始终保持统一的思想、坚定的意志、协调的行动、强大的战斗力。"

新时代基层党建创新，要坚持思想建党和理论强党的高度统一，党支部要充分发挥直接教育党员、管理党员、监督党员和组织群众、宣传群众、凝聚群众、服务群众的职责，提高政治站位，增强政治定力，坚持马克思主义指导地位不动摇，坚持用习近平新时代中国特色社会主义思想武装头脑，在干中学、在学中干，做到学思用贯通、知信行统一，做到补钙强骨、立根固本，引导广大党员自觉做共产主义远大理想和中国特色社会主义共同理想的坚定信仰者、忠实践行者、坚决捍卫者。

用奉献精神开启新时代基层党建的新航程。中国共产党的根基在人民、血脉在人民、力量在人民。土地革命战争时期，正是由于坚持走群众路线，团结依靠占中国绝大多数的农民打土豪、分田地，党才在白色恐怖的环境下保存并顽强发展起来。抗日战争时期，中国共产党放手发动群众，壮大人民力量，抗日民族统一战线得到巩固，抗日根据地得以不断壮大。解放战争时期，在无数解放区人民"倾家荡产、支援前线"的支持下，人民解放军用小米加步枪打败了国民党 800 万军队。坚持一切为了群众，一切依靠群众，从群众中来，到群众中去，把党的正确主张变为群众的自觉行动，是党领导和团结中国人民从弱到强，从小到大，克服艰难险阻，取得新民主主义革命和社会主义革命胜利的动力之源。

每一个共产党员，不论职位多高，都是人民的勤务员。习近平总书记指出："全党同志要时刻牢记，我们的权力是党和人民赋予的，是用来为党和人民做事的，只能用来为党分忧、为国干事、为民谋利。"应该看到，改革开放以来，尽管我国经济社会发生了巨大变化，人民生活水平有了很大提高，但是，许多贫困人口的脱贫问题仍未从根本上得到解决，人民群众在教育、医疗、住房、环境等实际生活中仍然面临着许多困难。

金杯银杯不如老百姓的口碑，民心是最大的政治。党的工作最坚实的力量支撑在基层，经济社会发展和民生最突出的矛盾和问题也在基层，必须把抓基层打基础作为长远之计和固本之策。要坚守人民立场，始终保持同人民群众的血肉联系，把为人民谋幸福作为根本职责，做到凡是群众反映强烈的问题都要严肃认真对待，凡是损害群众利益的行为都要坚决纠正，从人民群众关心的事情做起，从让人民群众满意的事情做起，带领人民不断创造美好生活。

政治建党、善作善成：在新时代基层党建 创新实践中继承弘扬"红船精神"

新时代基层党建创新实践要始终坚持以习近平新时代中国特色社会主义思想为指引，始终坚持思想建党、组织建党、制度治党，始终坚持以人民为中心的发展理念，不断增强执政本领，让每一个基层党组织充满生机活力，让每一位党员的先锋模范作用得到彰显，让党的旗帜在每一个阵地上高高飘扬。

坚持党的领导，加强党的政治建设，做到落实落细。党政军民学、东西南北中，党是领导一切的，是最高政治领导力量。新时代基层党建创新就是要以提升组织力为重点，突出政治功能，发挥政治优势，提高做好群众工作的能力，把党的全面领导有效落实到各级基层党组织贯彻落实党中央的各项决策部署上来，不断提高基层党组织的政治引领力、思想引导力和群众组织力，把基层党组织建设成为凝聚人心和团结群众的"主心骨"。

"红墙意识"是北京市西城区党员干部群众从所处的特殊区位出发，结合时代特征总结提炼出的共同思想境界和价值追求。把"政治忠诚、责任担当、首善标准"作为思想行为准则，用行动践行对党和人民的绝对忠诚。始终听党话，永远跟党走，顾全大局心系中央。"红墙意识"突出的政治性、强烈的时代性，成为西城区独有的一种基层政治文化。

坚持以人民为中心，打通便民服务的"最后一公里"。人民对美好生活的向往是我们党的奋斗目标，也是基层党建工作的出发点和落脚点。新时代基层党建创新要突出问题意识、坚持服务导向、靶向精准落实，主动回应人民群众的新期待和新需求，切实解决人民群众最为关心的问题，强化基层党组织统筹协调的功能，丰富服务型党组织建设时代内涵。

浙江嘉兴通过"96345"党员志愿者服务，打通了联系服务群众的"最后一公里"，提升了党的群众组织力，实现了党员与群众的"零距离"。上海浦东新区全力打造"家门口"服务体系建设，通过党建引领，构建部门围绕街镇转，街镇围绕村居转，村居围绕群众转的"三转"服务机制，打造资源整合、机制有效、群众参与的平台，提供党群服务、政务服务、生活服务、法律服务、健康服务、文化服务、社区管理服务等七大类基本服务，达到"生活小事不出村居、教育服务就在身边"的良好效果。

坚持党建机制创新，提高基层党组织的社会治理能力。基层社会治理既是国家治理体系和治理能力现代化的基石，也是党的基层领导体系建设的基础内容。习近平总书记指出："把加强基层党的建设、巩固党的执政基础作为贯穿社会治理和基层建设的一条红线。"近年来，围绕加强和改善党对基层社会治理的领导，各地主动开展实践创新，推动了党建引领社会治理创新。

北京市针对街乡权责不清、资源不足、条块分割、机制僵化、治理力量分散、联动效应不高的问题，通过"街乡吹哨、部门报到"机制创新，强化街乡党组织在基层治理中的领导核心作用，以"下沉、赋权、增效"为抓手，推动治理力量和资源下沉。

同时，北京市根据各城区治理特点，按照"精简、统一、效能"原则，有序推动街乡"大部制"改革，调整街道党政内设机构，优化工作流程；以执法平台建设为抓手，建立"三协

59

同综合执法链"机制；以"多网融合"为抓手，推动党建制度创新和技术创新相结合机制。"街乡吹哨、部门报到"改革系列新举措实现了基层权力给基层，基层事情基层办、基层事情有人办，不仅让人民群众享有更多获得感、幸福感、安全感，也创造了新时代党领导基层治理的新经验。

坚持共建共治共享，增强基层党组织的凝聚力和战斗力。习近平总书记强调："要高度关注基层政权组织、经济组织、自治组织、群团组织、社会组织发展变化的特点，加强指导和管理，使各类基层组织按需设置、按职履责、有人办事、有章理事，既种好自留地、管好责任田，又唱好群英会、打好合力牌。"共建共治共享需要基层党组织既要勇于扛起责任、自己带头干，发挥领导核心作用，也要不断提升社会组织自我教育、自我管理、自我服务的能力，把群众积极性、主动性调动起来，做到人人参与、人人负责、人人奉献、人人共享。

江苏如东通过推进村级公共服务中心建设、组建党员志愿服务队、创新"四式四定"服务方式、完善制度统筹激活服务要素，推动了农村基层党组织从"越位"处"退位"，在"缺位"处"补位"，实现了"服务型""开放型""民主型"党支部的转变。

上海市商务楼宇党建坚持"支部建在楼上、党建落到实处"，把先建立楼宇党组织再向楼宇内各单位延伸作为有效路径，推动全市1410幢重点商务楼宇实现组织全覆盖，90%的标志性商务楼宇建立楼宇党委、设置党群服务站并配备专职党群工作者，有效实现了对楼宇经济、楼宇治理、楼宇人群的引领带动，让党员无论在哪里都能找到组织找到家，极大增强了年轻党员的归属感。

"欲筑室者，先治其基。"万丈高楼平地起，离不开建筑师的精心设计，更离不开建设者的辛勤劳动。我们党的基层党组织要不忘初心、牢记使命，践行和弘扬"红船精神"，永葆求真务实、开拓进取、勇于担当的斗争品格，自觉践行新时代党的思想路线、组织路线和群众路线，团结一切可以团结的力量，激发一切创造热情和创新智慧，把我们的党建设得更加坚强有力，把中国特色社会主义大厦建设得更加坚实稳固。

三波热潮创新传统文化传播形式[*]

傅秋爽^{**}

中华优秀传统文化是哺育中华民族最为宝贵的精神食粮。习近平总书记提出,要"推动中华优秀传统文化创造性转化、创新性发展",这既是对中华优秀传统文化发展规律的高度概括,也为今后文化事业发展指明了方向。

从古到今,文化的发展繁荣始终离不开对优秀传统文化的继承发扬。中华优秀传统文化传承渠道稳固,建构完整,次第有序,创造性转化和创新性发展贯穿始终。近百年来,中国社会生态发生了根本改变,旧有的传承渠道和传播形式已难以适应。近年,随着科技发展日新月异,大众传播方式方法更替加速。中华优秀传统文化传承新渠道的建立和传播方式的创新在不断探索中前行,这就需要及时总结经验,发现规律,以利借鉴,服务发展。

在当代中国,中华优秀传统文化传承与传播最具影响的三波热潮发生在最近 40 年,都是由创造性转化、创新性发展形成

* 原载《光明日报》2019 年 8 月 29 日。
** 傅秋爽,北京市习近平新时代中国特色社会主义思想研究中心研究员,北京市社会科学院文学所研究员。

的。第一波热潮发生在 20 世纪 70 年代末至 90 年代。由电台广播、电视授课、鉴赏辞书出版组成。《阅读与欣赏》是中央人民广播电台的名牌栏目，1978 年在停播 10 年后恢复播出，成为百废待兴时期传播中华优秀传统文化最早的报春花。其特点是"三名"，即由教育名家如叶圣陶、臧克家、萧涤非、吴小如、傅经顺等撰稿介绍中国古代经典名作，由号称"国嗓"的著名播音员葛兰、夏青等播送。栏目被誉为"不见面的老师"，影响巨大，师范或者大中专教师都将栏目中名家对名篇的解读作为提高授课水平的蓝本，文艺青年也将其当作聆听经典的文化沙龙。全国各省（市）电视台在此示范下，纷纷效仿，先后开设类似栏目。伴随着电大、夜大的兴起，以"电视大学"面目出现、通过电视特定频道的宣讲，成为传播传统文化的另外一种新形式。因其开播是为了满足学历学习需要，所以文史知识的系统讲授成为基本特征。听众除电大、夜大学生外，文学爱好者也占有相当比例，受众多达数百万人。随后，上海辞书出版社率先推出的《唐诗鉴赏辞典》《宋词鉴赏辞典》彻底颠覆了人们关于辞书的既有概念，带动了全民阅读中国古典文学的热潮，购买收藏鉴赏辞典甚至成为城镇家庭的新时尚。之后各出版机构迅速跟进，楚辞、汉赋、唐宋八大家、元曲、明清小说、古今杂文等鉴赏类辞书获得全面填补。与辞书热时间相仿的，还有台湾地区"蔡志忠"经典文化漫画系列图书版权的引进。解读经典，是这个时期的重要特征。

第二波热潮发生在世纪之交，以"四大名著"改编为电视剧为先导，以央视《百家讲坛》热播为标志。此番热潮，涌现了一大批文史宣讲明星，主要的受众是有一定文史知识的城镇电视观众。

第三波热潮以电视竞赛的形式出现，最成功也最有代表性的是中央电视台的《中国汉字书写大会》、《中国成语大会》和《中国诗词大会》。

三波热潮在时间上相互叠加，并没有清晰的分界。在形式上各具特色，与时代需求、科技进步、技术发展、人们生产生活方式、阅读习惯的改变相适应。由功利性掌握知识到文化素质提升的诉求，从知识阶层到市民阶层的普及，从成年人学习到青少年的学习引导，这是不断进步的过程。与前两波热潮略有不同，第三波热潮从迎合社会需求转变为开发社会需求，体现了文化拯救的自觉。

三波热潮发生在巨变中的中国，对中华优秀传统文化在民间的广泛传播贡献巨大。总结规律以利发展。第一，转变观念，提高对传承渠道和传播形式创新重要性的认识。要充分利用科技革命带来的便利，不断创新传播方式方法。第二，建立培育、激励创新人才的机制，使更多文化领军人物脱颖而出。第三，健全、完善鼓励创新的体制和机制，实行知识产权的有效保护。第四，喜新不厌旧，创新与传统并举，多渠道、多形式、多方法的传播，使更多的人尤其是青少年得到优秀传统文化的全面滋养，使社会主义核心价值观的基石更加稳固。这是衡量创造性转化、创新性发展是否成功的金标准。

文化企业"走出去"应提高风险意识[*]

王林生[**]

近日，国内某影音企业在海外收购过程中因操作不当导致负债难偿一事，引发人们对文化企业"走出去"的关注。

近年来，我国文化企业不断发展壮大，越来越多的文化企业走出国门。文化企业"走出去"不仅是我国充分参与国际产业链分工、充分利用"两种资源、两个市场"的需要，也是我国文化企业加速国际化的重要举措。但不可否认，文化企业在"走出去"过程中面临着诸多风险。比如思想文化差异，文化企业"走出去"会遇到很多截然不同的价值观念、风俗习惯，需要对文化产品所包含的文化内容进行严格审视。又如操作陷阱，一些海外机构利用国内"头部"文化企业急于开拓海外市场的心理，对其拟并购或兼并的劣质企业开出高价，顺势达到"割韭菜"的目的。

因此，文化企业在积极推动海外投资和产业布局过程中，应格外注重可能存在的各种风险，提升风险防范意识。这有助于文化企业规避各种不确定因素，保障企业安全发展，进而提

---

[*]　原载《经济日报》2019 年 9 月 16 日。

[**]　王林生，北京市习近平新时代中国特色社会主义思想研究中心研究员。

升企业整体运营效率。在这一过程中，相关企业应着力做到"四个加强"。

加强对文化企业"走出去"的支持。有必要探索建立和完善应急响应机制，第一时间发声，积极维护企业的声誉及合法权益，为企业正常经营活动创造公平竞争和非歧视性国际环境。同时，积极通过共建"一带一路"、中非合作论坛、中国—东盟自贸区等国际合作平台，为文化企业"走出去"创造更多机会。

加强风险意识与企业文化融合。当前，逆全球化思潮在一些国家抬头，贸易保护主义行为时有发生，为我国文化企业"走出去"带来了不确定性因素。与其他类型企业相比，我国文化企业还缺乏与国际一流企业同台竞争的经验和实力，这就意味着面临的风险和不确定性因素会更高更多。因此，文化企业有必要增强风险意识，使其与企业文化融合，提高抵御风险的能力。

加强稳健的海外投资风险体系建设。海外投资是一项风险与收益并存的企业行为，我国有些文化企业相对缺乏国际化管理能力，在参与海外投资时，应合理规划一个稳健的投资需求和回报预期，切忌冒进。比如，在境外收购时，由于目标公司的各种信息不对称，投资方很难全面把握目标公司相关信息，同时还存在他国政府对外资并购的审查监管等因素。因此，文化企业应积极稳健实行海外布局，强化风险识别和评估能力，构建风险规避和防范体系。

加强对"走出去"国家文化差异的关注。我国文化产业"走出去"遭遇的不仅是企业管理思路的差异，文化差异同样不可忽视。文化产品在传播和消费过程中往往会涉及当地的文化传统风俗习惯、民俗特性等因素，文化产业"走出去"应十分关注目标国的文化差异，并以此为根据做好对传播内容的选择，推出目标国家更容易接受的文化内容。

"清正廉洁作表率"的时代价值[*]

尤国珍[**]

干部清正、政府清廉是实现国家政治清明的前提和基础。习近平总书记在"不忘初心、牢记使命"主题教育工作会议上关于清正廉洁作表率的重要论述，对全党自上而下分两批开展主题教育活动具有很强的现实针对性和指导性。这一重要论述是对马克思主义廉政建设学说的创新和发展，是建党98年和新中国成立70年发展成就的经验总结，也是新时代实现中华民族伟大复兴的客观要求，有着深刻的历史逻辑与时代要求。

1

清正廉洁作表率是对马克思主义廉政建设学说的创新和发展。马克思和恩格斯很早就关注廉政建设的重大理论和实践问题，指出私有制和剥削是腐败现象产生的根源，民主政治是廉政的核心保障，只有打碎资产阶级国家机器，建立公有制经济

---

[*] 原载《光明日报》2019年10月14日。

[**] 尤国珍，北京市习近平新时代中国特色社会主义思想研究中心研究员，北京市社会科学院科学社会主义研究所研究员。

形式，才能为无产阶级国家的建立和开展廉政建设奠定经济和政治基础。依据国家机关的"社会公仆"角色定位，为防止国家和国家机关由"社会公仆"变为"社会主人"，无产阶级政党在夺取政权和建设政权过程中都要坚守"公仆意识"，建立一个节约高效的政府。十月革命后，列宁强调必须把"反官僚主义的斗争进行到底"，通过采取统一法制根除地方主义和官僚主义、完善国家监督机构约束权力、多方面提升党员干部廉政素养等措施来加强国家廉政建设，增强党的号召力和凝聚力。毛泽东同志的"两个务必"和邓小平同志的"不惩治腐败，特别是党内的高层的腐败现象，确实有失败的危险"的重要论述进一步发展了马克思、恩格斯、列宁的廉政建设学说。新时代，习近平总书记强调，"清正廉洁作表率，重点是教育引导广大党员干部保持为民务实清廉的政治本色"，要"清清白白为官、干干净净做事、老老实实做人"。这就把共产党人的"公仆本色"与宗旨意识很好地结合起来，把领导干部的责、权、利很好地结合起来，是对马克思主义廉政建设学说的继承、创新和发展。

清正廉洁作表率是对古今中外历史教训的深刻总结。以史为镜方能做到以史为鉴、以史为戒。习近平总书记向全党反复强调指出："我们党把党风廉政建设和反腐败斗争提到关系党和国家生死存亡的高度来认识，是深刻总结了古今中外的历史教训的。"腐败是世界性顽疾，建设廉洁政治也是每个国家和政权面临的现实课题。如果处理不好，就会丧失民心，丧失政权。近年来，世界上一批老党、大党先后失去执政地位，与其党的纯洁性和先进性丧失、贪污腐败盛行有关，与其不敢"向顽瘴痼疾开刀"、没有勇气革除自身的病症有关，与其没有跟上时代步伐和社会发展进步的要求、没有毫不动摇地加强自身建设、失去了应对和解决复杂问题的能力、最终失去民心有关。这些例子生动地警示我们，水能载舟，亦能覆舟，只要搞腐败，就会丧失民心，最后落得"小船说翻就翻"的命运。可以说，抓住了先进性建设，就抓住了党的自身建设的根本，就抓住了加强党的执政能力建设、巩固党的执政地位的关键。

清正廉洁作表率是党领导人民在革命、建设和改革成功实践中积累的成熟经验。中国共产党自成立之日起，就将全心全意为人民服务确立为党的根本宗旨，把清正廉洁作为对党员干部的基本要求。新民主主义革命时期，中国共产党始终把党的纪律建设放到重要位置，颁布的"三大纪律八项注意"等铁的纪律保证了革命的胜利。新中国成立初期，中国共产党大力开展整风运动和"三反"、"五反"运动，提高党员干部政治觉悟。改革开放后，邓小平同志多次强调，要取得社会主义改革和建设的成功，"整个改革开放过程中都要反腐败"，国家反腐工作要从党内尤其是领导干部做起，才能达到既治标又治本的效果。党的十八大以来，针对一些领域消极腐败现象频发、反腐败斗争形势严峻的现实，习近平总书记多次强调"打铁必须自身硬"，以零容忍的态度惩治腐败，树立起不敢腐的行动震慑；通过修订《中国共产党廉洁自律准则》《中国共产党纪律处分条例》等党内法规，建立起不能腐的体制机制；通过开展党的群众路线教育实践活动、"三严三实"专题教育、"两学一做"学习教育、"不忘初心、牢记使命"主题教育等学习教育活动，初步树立起不想腐的思想防线。新时代的廉政建设取得十分瞩目的成就，使得党风政风为之一新，党心民心为之一振，赢得了人民群众的广泛赞誉。当前我国正处于全面建成小康社会的决胜期和全面深化改革的攻坚期，更要求我们特别重视加强党员领导干部的廉政建设。党员干部要将清正廉洁作表率与全面建成小康社会相结合，认认真真参加"不忘初心、牢记使命"主题教育活动，模范遵守党纪国法，着力帮群众排忧解难，真正做到全心全意为人民服务，巩固党的执政基础和执政地位。可见，保持清正廉洁不仅是我们党的鲜明特点和政治优势，更是党带领中国人民取得社会主义革命建设和改革成功的传家宝。

2

"无论我们走得多远，都不能忘记来时的路。"习近平总书记强调"清清白白为官、干干净净做事、老老实实做人"，就是及时提醒每位党员干部在新时代摆好自己位置，明确自身职责操守。落实在具体工作生活中，就是要求党员尤其是领导干部不做"昏官""懒官""庸官"和"贪官"，切实做到清正廉洁作表率。这也是在本世纪中叶实现中华民族伟大复兴中国梦的时代要求。

信念坚定，思想清醒。信念坚定，思想清醒是清正廉洁作表率之"根"。革命年代，无数先烈能够舍生忘死干革命，就是因为他们坚信革命理想高于天。新时代要保持思想清醒，首先要对党忠诚，严守政治纪律，坚定"四个自信"，增强"四个意识"，做到"两个维护"，自觉在思想上政治上行动上同以习近平同志为核心的党中央保持高度一致。要立根固本，自觉用马克思主义中国化的最新成果武装头脑，在政治上清醒坚定，在重大问题和关键时刻经得起风浪考验。

心中有民，为民解忧。心中有民，为民解忧是清正廉洁作表率之"本"。群众工作事关党的执政根基，要心系群众，像焦裕禄、孔繁森、牛玉儒、郑培民、杨善洲等党的好干部一样，做廉洁自律、一心为民的表率。新时代为民解忧，尤其要牢记党的宗旨，树立正确的政绩观，常怀忧患之思，常念人民之托，砥砺复兴之志，着力解决好人民最关心最直接最现实的利益问题。正如习近平总书记强调的："做群众工作要注意换位思考，设身处地为群众着想。只有将心比心，才能换取真心，才能找到解决问题、推动工作的良策。"

干事尽责，敢于担责。干事尽责，敢于担责是清正廉洁作表率之"基"。身为党员领导干部，干事创业要强化责任意识，对工作部署要一抓到底、善始善终。新时代敢于担责，就要坚持问题导向，积极主动作为，遇到突发事件亲临现场、果断处置、敢于负责；要有"功成不必在我"的境界，不能只想当官不想干事，只想揽权不想担责，只想出彩不想出力。

心中有戒，清白做人。心中有戒，清白做人是清正廉洁作表率之"源"。领导干部的权力是党和人民赋予的，党章明确要求党员干部要"正确行使人民赋予的权力，坚持原则，依法办事，清正廉洁，勤政为民"。清白做人要求党员干部在工作生活中的任何时候，都要做到"心中有戒""三省吾心"，管好自己的生活圈、交往圈、娱乐圈，强化自我修炼、自我约束、自我塑造，真正做到常修为政之德，常思贪欲之害，常怀律己之心。

清正廉洁是共产党人的做人之本。清正廉洁作表率是开展"不忘初心、牢记使命"主题教育的具体目标之一，是锤炼党性和作风的有力举措。在实现中华民族伟大复兴中国梦的征程中，党员干部只有行得端、走得正，才能行得稳、走得远，才能在接续奋斗中不断创造新的辉煌。

发挥制度建设的中国智慧[*]

支振锋[**]

"中国特色社会主义国家制度和法律制度是一套行得通、真管用、有效率的制度体系。"在中共中央政治局第十七次集体学习时，习近平总书记强调，中国特色社会主义国家制度和法律制度，为当代中国发展进步提供了根本保障，要求全党继续沿着党和人民开辟的正确道路前进，不断推进国家治理体系和治理能力现代化。

完善和发展中国特色社会主义制度，推进国家治理体系和治理能力现代化，是全面深化改革的总目标。党的十八大以来，从反腐败斗争中的巡视制度到生态建设中的环保督察制度，从建立权力清单制度到确立市场准入负面清单制度，全面深化改革的一个鲜明特点，就是把制度建设贯穿其中，运用法治思维、法治方式来解决问题，从而构建系统完备、科学规范、运行有效的制度体系。

制度带有全局性、稳定性特点，管根本、管长远。深入推进反腐败斗争，深化国家监察体制改革，对公职人员监督实现

* 原载《人民日报》2019 年 10 月 16 日。

** 支振峰，北京市习近平新时代中国特色社会主义思想研究中心研究员。

全覆盖、增强有效性，推进公权力运行法治化……我们建立了完善的监督管理机制、有效的权力制约机制、严肃的责任追究机制。深化党和国家机构改革，完成了对党和国家组织结构和管理体制的一次系统性、整体性重构。以"放管服"改革为抓手，深化供给侧结构性改革，出台了一系列坚决清除妨碍社会生产力发展体制机制的法规制度，让创新活力竞相迸发、充分涌流。可以说，围绕统筹推进"五位一体"总体布局和协调推进"四个全面"战略布局，我们进行一系列制度创新和制度建设，让制度体系更加完善，让治理效能更加彰显。

我们创新各项制度安排，始终具有强烈的"问题意识"，以解决问题为突破口，让制度找到了可操作、能持续的现实土壤。比如说，针对生态保护中执行难的问题，通过把环保督察制度化、法治化，确保生态文明建设能够不断深入；比如说，针对企业和群众办事难的问题，通过深化简政放权、建立权力清单，为方便企业、群众办事提供制度保障。通过破除积弊，通过建章立制把好做法、好经验固定下来，就能更加彰显中国的制度优势、发展优势。

同时，推动中国特色社会主义制度更加成熟更加定型，是一个极为宏大的工程。某个领域某个方面的单兵突进、修修补补是不行的，必须是全面的系统的改革。我们进行制度创新和制度建设，也要更加注重整体性、系统性和协同性，注重在各个领域之间形成有机衔接、做好相互配套。注重各领域改革和改进的联动和集成，在国家治理体系和治理能力现代化上形成总体效应、取得总体效果。这既是我国推进国家治理体系和治理能力现代化的内在要求，也是我们在实践中形成的一条重要经验。

为党和国家事业发展、为人民幸福安康、为社会和谐稳定、为国家长治久安提供一整套更完备、更稳定、更管用的制度体系，成为新时代摆在我们面前重要的历史任务。有党的领导这个中国特色社会主义制度的最大优势，沿着国家治理体系和治理能力现代化的方向，我们有信心为人类探索建设更好的社会制度贡献中国智慧和中国方案。

遵循经济规律发展的必然要求
保持推动高质量发展的战略定力[*]

郭万超^{**}

习近平同志强调，推动高质量发展是做好经济工作的根本要求。面对国内外风险挑战明显增多的复杂局面，我们必须增强忧患意识，把握长期大势，抓住主要矛盾，保持战略定力，更加有力地推动高质量发展，为顺利实现"两个一百年"奋斗目标、实现中华民族伟大复兴的中国梦奠定坚实基础。

推动高质量发展是保持经济持续健康发展的必然要求，是适应我国社会主要矛盾变化和全面建成小康社会、全面建设社会主义现代化国家的必然要求，是遵循经济规律发展的必然要求。新时代，我们为推动经济发展质量变革、效率变革、动力变革而采取的重大举措，从长远和根本来看，会显著增强经济创新力和竞争力。例如，实施创新驱动发展战略，努力掌握关键核心技术，加快产业转型升级步伐，增强经济发展后劲；推进供给侧结构性改革，提高供给体系质量和效率，更好满足多

---

　* 原载《人民日报》2019 年 10 月 16 日。

　** 郭万超，北京市习近平新时代中国特色社会主义思想研究中心研究员。

样化、多层次的社会需求；稳定宏观杠杆率，防范化解重大金融风险，为经济持续健康发展提供坚强金融保障；加强生态环境保护，大力推动绿色发展，为人民群众创造良好生活环境，夯实永续发展的基础；更加注重解决社会公平正义问题，使全体人民朝着共同富裕方向稳步前进，激发了全体人民推动发展的积极性、主动性、创造性；等等。这些重大举措正推动我国在高质量发展上迈出坚实步伐。

进一步推动高质量发展，关键是要保持战略定力。当前，我国经济发展面临新的风险挑战，经济下行压力加大。同时也应看到，我国经济运行延续了总体平稳、稳中有进的发展态势，主要宏观经济指标保持在合理区间，供给侧结构性改革持续推进，改革开放继续深化，就业比较充分，精准脱贫有序推进，人民生活水平持续提高，推动高质量发展的积极因素增多。保持战略定力，推动高质量发展不断取得新进展，必须把思想和行动统一到党中央对形势的判断和决策部署上来，坚定不移把自己的事情办好。当前，尤其要在以下几个方面着力。

坚定不移深化改革开放。紧紧围绕"巩固、增强、提升、畅通"八字方针，深化供给侧结构性改革，提升产业基础能力和产业链水平。深化体制机制改革，增添经济发展活力和动力，加快重大战略实施步伐，提升城市群功能。

大力推进自主创新。大力实施创新驱动发展战略，紧紧扭住创新这个"牛鼻子"，强化创新体系和创新能力建设，推动科技创新与经济社会发展深度融合，塑造更多依靠创新驱动、更多发挥先发优势的引领型发展。要尊重、保护、鼓励创新，营造环境，创造条件，调动各个方面积极性，让创新人才专注创新，让创新活力充分迸发。

坚决打好三大攻坚战。打好防范化解重大风险攻坚战，牢牢守住金融安全底线，防止发生系统性风险。加快金融市场基础设施建设，稳步推进金融业关键信息基础设施国产化。做好金融业综合统计，健全及时反映风险波动的信息系统，完善信息发布管理规则，健全信用惩戒机制。打好精准脱贫攻坚战，继续加大"三区三州"等深度贫困地区脱贫攻坚力度，补齐深度贫困地区在基础设施和基本公共服务方面的短板。扭住亟须解决的问题，推动形成专项扶贫、行业扶贫、社会扶贫等多方力量多种举措有机结合、互为支撑的大扶贫格局。打好污染防治攻坚战，保持加强生态文明建设的战略定力，加快生态文明体制改革，探索以生态优先、绿色发展为导向的高质量发展新路，大力建设美丽中国。

营商环境优化彰显国家治理现代化成就[*]

支振锋^{**}

国际社会再次对中国改革开放和经济前景投出了信任票。近期，国务院《优化营商环境条例》与世界银行《全球营商环境报告 2020》的相继发布，以奇妙的巧合相互印证，树立了我国营商环境制度建设的里程碑，也彰显了营商环境优化的中国方案和成就。

创新是引领发展的第一动力，是建设现代化经济体系的战略支撑。在现代市场经济条件下，创新经济社会发展的动力主要源于市场主体的活力和社会的创造力。作为市场主体在市场经济活动中所涉及的体制机制性因素和条件，营商环境直接影响市场主体的兴衰、生产要素的聚散、发展动力的强弱，因而成为当代国际竞争的重要维度和关键变量。世界银行发布的一项报告表明，良好的营商环境会使投资率增长 0.3% ，GDP 增长率增加 0.36% 。

营商环境是一个综合、复杂和有机的体系。市场在资源配置中起基础性作用，政府及其规制手段和策略，尤其是国家的

---

* 原载《光明日报》2019 年 11 月 1 日。

** 支振锋，北京市习近平新时代中国特色社会主义思想研究中心研究员。

营商法治化水平，也是市场经济重要的塑造力量。正如现代市场并不是天然形成的"完全市场"，政府作为预防市场失灵的"有形之手"，也同样可能对市场造成不当干预，阻碍创业和创新。因此，不仅自然资源禀赋、基础设施条件、市场经济观念和契约精神会影响营商环境，政府依法行政水平、政务服务效率和透明度，以及一套以保护产权、维护契约、统一市场、平等交换、公平竞争等为基本导向的市场经济法律制度也同样重要。从这个意义上说，营商环境是一个国家治理体系和治理能力现代化的重要标志。

由于历史发展阶段、市场发达程度以及法治政府建设情况的不同，发达经济体是营商环境方面的先行者，在保护产权、履行契约、统一市场以及维护公平竞争和建设透明、廉洁的法治政府等方面经验更加丰富。这一方面有利于它们的创新发展，另一方面也形成了相对于新兴经济体的强大竞争优势。百舸争流，不进则退。营商环境因此成为第三世界国家在现代化竞争中占得先机、不被淘汰的重要选项，成为新兴经济体治理体系和治理能力现代化的必答题和硬任务。

改革开放以来，我国在加强制度建设、完善治理规则和加强经济治理等方面取得了长足的进步。尤其是党的十八届三中全会以来，我国更加充分认识到经济治理体系对于国家治理的重要性。2017 年 7 月，习近平总书记在中央财经领导小组第十六次会议上强调，要改善投资和市场环境，加快对外开放步伐，降低市场运行成本，营造稳定公平透明、可预期的营商环境。2018 年，国务院成立了推进政府职能转变和"放管服"改革协调小组，并下设了优化营商环境专题组。2019 年《政府工作报告》提出，打造法治化、国际化、便利化的营商环境，让各类市场主体更加活跃。前不久出台的《优化营商环境条例》更是从制度层面提供了具体的保障和支撑。

实践证明，这些积极举措卓有成效。2019 年上半年，中国平均每天新设企业 1.94 万户；实际使用外资金额 4783.3 亿元人民币，同比增长 7.2%；吸收外资结构持续优化，高技术产业实际使用外资同比增长 44.3%，占比达 28.8%。减税降负实实在在，预计全年规模将超 1 万亿元。国外在华知识产权申请稳增。正如 2019 年的世界银行报告所显示，中国在截至 2019 年 5 月 1 日的 12 个月里实施了创纪录的 8 项营商环境改革，营商环境全球排名跃居第 31 位，中国司法制度与工作机制更是获得高度认可，"司法程序质量"指数得分最高，成为全球最佳实践者。

在国际经济日益复杂的形势下，世界银行不仅以鲜活的数字为中国开放和经济发展作注，更充分印证了中国治理体系和治理能力现代化的巨大成就。"积土成山，积水成渊。"党的十九届四中全会为推进国家治理体系和治理能力现代化作出了新的重要部署，在全面深化改革中，通过更高质量的法治，更加完善的制度，充分激发蕴藏在人民群众中的创新伟力，中国还将取得营商环境优化更加重大的成就，继续创造世所罕见的发展奇迹，并形成具有强大生命力和巨大优越性的治理体系，为全球经济治理贡献中国方案和中国智慧。

我国知识产权治理不断跃上新水平[*]

马一德^{**}

知识产权治理是由国家主导，集知识产权创造、运用、保护、管理、服务于一体的全方位知识产权制度建设与制度运行活动。一国的创新驱动发展能力与知识产权治理水平密切相关。我们应站在坚持和完善中国特色社会主义制度、推进国家治理体系和治理能力现代化的高度完善我国知识产权治理，推动我国迈入全球一流创新型国家行列。

改革开放以来我国知识产权治理实现快速发展

改革开放以来，我国知识产权治理获得强劲发展动力。20世纪80年代至90年代初，我国知识产权法制建设进入快速发展时期。商标法、专利法、著作权法等相继出台。到90年代中

---

*　原载《人民日报》2019 年 11 月 13 日。

**　马一德，北京市社会科学院二级研究员、学科带头人，中国知识产权法学研究会副会长，中国国际经济贸易仲裁委员会仲裁员，最高人民法院特约监督员，中国致公党中央法制建设委员会副主任，北京市政协常委、科技委员会副主任，北京市高级人民法院特邀监督员，中宣部党建理论库专家，入选国家百千万人才工程，获"有突出贡献的中青年专家"称号。

期，我国已经基本建立起门类齐全、符合国际通行规则的知识产权法律体系。知识产权制度促进社会主义市场经济发展的作用更加显著，逐渐成为激励创新、协调创新资源配置的基础性制度。

党的十八大以来，以习近平同志为核心的党中央高度重视知识产权工作，知识产权治理取得历史性成就。党的十八届三中全会提出"加强知识产权运用和保护，健全技术创新激励机制"。国务院《关于新形势下加快知识产权强国建设的若干意见》确立了"基本实现知识产权治理体系和治理能力现代化"的改革目标。国家知识产权局重新组建，专业化的知识产权审判体系日益成熟，一系列重要改革举措落地生根。党的十九届四中全会进一步提出，健全以公平为原则的产权保护制度，建立知识产权侵权惩罚性赔偿制度，加强企业商业秘密保护。如今，天宫翱翔、蛟龙下水、高铁奔驰、天眼探空、北斗组网、超算发威、墨子传信、大飞机首飞，中国制造正在向中国智造、中国方案、中国标准转变。我国经济发展内生动力和国际竞争力显著提升，知识产权治理发挥了不可替代的保障和促进作用。

改革开放以来我国知识产权治理积累了宝贵经验

改革开放以来，我国逐步建立起具有中国特色的知识产权治理体系，积累了宝贵经验。

坚持以顶层设计保证治理正确方向。我们党着眼于社会主义现代化建设全局，明确知识产权事业发展的战略目标、战略思路和战略举措，注重统筹协调、系统推进，使知识产权事业发展始终与国家发展战略相协调、相一致。党的十八大以来，以习近平同志为核心的党中央发展知识产权事业的战略思路更加清晰、措施更加有力，更加契合社会主义现代化建设全局需要。攻克关键核心技术、实施创新驱动发展战略，需要全面加强党对知识产权治理的领导，为建设知识产权强国提供坚强政治保障。

市场与政府优势互补提升制度绩效。我国知识产权治理逐步实现由政府推动为主向市场驱动为主转变。在社会主义市场经济和产权制度的激励下，我国企业积极融入全球创新市场体系，自主发现和培育新的经济增长点，真正成为技术创新主体。充分发挥市场配置资源决定性作用，更好发挥政府作用，在关系国计民生和产业命脉的领域积极作为，同时在保护产权、维护公平、改善金融支持等方面出台一系列政策措施，营造有利于市场主体创新的制度环境。

主动开放合作体现大国担当。我国始终重视知识产权与科技创新的国际合作，使知识产权保护和相关法治建设与国际通行做法相衔接。截止到 2018 年 6 月，我国已与 63 个国家、地区和国际组织签订了多双边合作协议、谅解备忘录等 171 份，与 50 个世界知识产权组织成员国建立正式合作关系，拓展执法交流合作，有效运用争端解决机制，推进知识产权国际规则完善，以一个负责任大国的姿态，与国际社会携手应对知识产权治理的各种问题。

继续完善中国特色知识产权治理体系

当前，新一轮科技革命和产业变革方兴未艾，对自主创新的需求更为迫切。必须继续完善中国特色知识产权治理体系，为我国创新发展提供强大动力。

更好地处理市场调节与政府调控的关系。适应经济发展新形势，推动企业成为技术创新决策、研发投入、科研组织和成果转化的主体。进一步明确政府部门在创新活动中的权力边界和职能重点，尊重科学和市场规律，避免对创新活动的直接干预，通过维护市场秩序、提供公共服务等方式引导产业升级。

以法治手段协调创新主体的利益关系。随着创新领域市场竞争进一步加剧，促进公平竞争成为我国知识产权治理的重要维度。应充分利用知识产权治理的利益平衡机制，加强反垄断立法和执法，以法治思维和法治方式寻求创新活动中各方利益的最佳平衡点，不断完善公平、自由、开放、透明的市场竞争机制。

积极促进全球知识产权治理体系变革。当前，围绕国际规则和制度性话语权的竞争越来越激烈，世界主要国家均努力利用国际机制维护本国战略利益，掌握国际知识产权治理规则制定主导权。我国知识产权治理也须加速融入全球治理变革进程，积极开展全方位、多层次、高水平的国际合作，体现平等、开放、透明、包容精神，提高新兴市场国家和发展中国家代表性和发言权。

毛泽东：必须打好科学技术这一仗[*]

尤国珍[**]

新生的中华人民共和国，一穷二白、百废待兴。面对国家经济凋敝和科技落后的现状，毛泽东高度重视科技在我国社会主义事业发展过程中所发挥的关键性作用，并领导科技事业取得显著成就。

科学技术是兴国的先决条件

新中国成立之初，为改变我国一穷二白的面貌，恢复和发展国民经济，毛泽东把发展科学技术摆在全党全国各项工作的突出位置上。他强调："过去我们打的是上层建筑的仗，是建立人民政权、人民军队。……现在，生产关系是改变了，就要提高生产力。不搞科学技术，生产力无法提高。"毛泽东特别重视通过制定科技规划推动国家科技创新战略的实现。1956 年底，毛泽东指示国务院制定了新中国科技发展 12 年规划，即

---

* 原载《前线》2019 年 12 月 5 日。
** 尤国珍，北京市习近平新时代中国特色社会主义思想研究中心研究员，北京市社会科学院科学社会主义研究所研究员。

《1956—1967 年科学技术发展远景规划纲要（修正草案）》。本着"重点发展，迎头赶上"的方针，提出包括原子弹和导弹两项绝密任务在内的 12 项重点任务，我国由此开始积极研究发展原子弹、导弹和通信卫星等尖端科技。

从 1958 年底起，国防科技委员会、中国科协和地方各级科学技术机构相继成立，到 1962 年我国初步形成了从中央到地方较为完善的科技体制结构。《1963—1972 年十年科学技术规划》制定后，毛泽东在听取聂荣臻汇报时再次强调："科学技术这一仗，一定要打，而且必须打好。"他深刻认识到，在抗日战争胜利以前，我国自鸦片战争以来之所以同世界上一切大中小帝国主义国家战争都失败，除了封建制度腐败，还有一个重要原因就是经济、技术落后。1964 年，在毛泽东的提议下，周恩来把科学技术现代化与工业、农业和国防现代化并列为"四个现代化"。1965 年 1 月 4 日，第三届全国人民代表大会第一次会议在北京闭幕，"四个现代化"正式确定为国家发展的总体战略目标。

自力更生为主的科技发展之路

新中国成立初期，面对我国科技基础十分薄弱的现状，毛泽东制定了赶超型发展战略，把自力更生作为科技创新的立足点。他崇尚科技创新，反对"循序渐进"式的走国外科技发展的老路，认为必须"打破常规，尽量采用先进技术"，走一条属于中国人的"非常规且科学"之路，避免我们"跟在别人后面一步一步地爬行"。他通过美苏 20 世纪 50 年代展开的军事科技竞争，认识到自主研发尖端科学技术的重要性，他指出："我们现在已经比过去强，以后还要比现在强，不但要有更多的飞机和大炮，而且还要有原子弹。在今天的世界上，我们要不受人家欺负，就不能没有这个东西。"

毛泽东在坚持自力更生进行科学技术创新的同时，并不排斥学习借鉴别国先进技术，主张我国科技发展采取"洋为中用"的方针。早在1953年全国政协一届四次会议闭幕会上，毛泽东就坚定地指出："应该懂得，我们这个民族，从来就是接受外国的先进经验和优秀文化的。"我们中国人民要始终保持真诚的态度去学习，接纳别的民族不同的文化和知识成果，一切可以被我们所学习利用的科学文化知识终将被拿来认真的研究和分析。在向国外进行学习借鉴的过程中，他主张洋为中用，但反对盲目照搬。他认为："我们接受外国的长处，会使我们自己的东西有一个跃进。中国的和外国的要有机地结合，而不是套用外国的东西。"

加强科学技术人才队伍建设

人才是科技发展最核心的因素。1956年，毛泽东在最高国务会议第六次会议上指出，必须"要有数量足够的、优秀的科学技术专家"，才能使我国科技赶超世界先进水平。

面对新中国科技人才储备非常少的现状，毛泽东特别重视储备高科技创新人才。一方面，通过自国外大力引进的方式吸引人才回国服务。新中国成立初期，国家除了邀请大量苏联专家来华指导我国科技发展，还重点鼓励侨居海外的科技人员积极回国服务。到1957年春，回国服务的海外科技人员就达3000多人，包括钱学森、李四光、邓稼先等著名科学家。另一方面，通过党和政府大力培养方式储备高科技人才。党和国家通过尽可能向苏联等国家外派留学生和利用回国的高科技人才自己培

养两种方式储备人才。毛泽东提出人才发展的具体目标，即
"各级特别是省、地、县这三级要有培养无产阶级知识分子的计
划"，争取"三个五年计划之内造就一百万到一百五十万高级
知识分子"。

参考文献

毛泽东，1999，《毛泽东文集》，人民出版社。

建设人人有责、人人尽责、人人享有的社会治理共同体*

谭日辉**

党的十九届四中全会审议通过的《中共中央关于坚持和完善中国特色社会主义制度、推进国家治理体系和治理能力现代化若干重大问题的决定》（以下简称《决定》），明确提出要建设人人有责、人人尽责、人人享有的社会治理共同体。这一重要论述，体现了我们党对社会治理规律认识的不断深化与精准把握，具有鲜明的现实针对性和实践指导性，为新时代加强和创新社会治理指明了方向。《决定》提出的社会治理共同体建设突出"人人"，这既强调了在建设人人有责、人人尽责、人人享有的社会治理共同体过程中，每个社会成员都是主体，均有参与的责任与义务，也强调了社会治理成果将为人人共享的庄严承诺，为建设更高水平的共同体提供了重要遵循。为此，我们要深刻认识人人有责、人人尽责、人人享有的深刻内涵，扎实推进人人有责、人人尽责、人人享有的社会治理共同体建设，

* 原载《光明日报》2019 年 12 月 6 日。
** 谭日辉，北京市习近平新时代中国特色社会主义思想研究中心研究员。

最终确保人民安居乐业、社会安定有序、国家长治久安。

人人有责，每个人都应是新时代的
见证者、开创者、建设者

习近平总书记指出："新时代属于每一个人，每一个人都是新时代的见证者、开创者、建设者。"这一重要论述告诉我们，新时代是属于大家的，每一个人都是新时代的建设者，每一个人都是历史合力的实践者。改革没有旁观者，谁都不是局外人。

人人有责，强调必须明确各主体的社会责任。明确党委、政府、社会、公民等主体在社会治理共同体中的责任边界和角色定位，是建设社会治理共同体的关键。这就要求党要加强自身建设，完善党的领导，健全总揽全局、协调各方的党的领导制度体系，始终把坚持党的领导贯穿于社会治理的全领域、全过程、全环节，确保社会治理创新工作始终沿着正确方向推进。政府应该鼓励和支持企业、群团组织、社会组织积极参与社会治理共同体建设，增强人民群众对社会治理共同体的认同感；坚持从群众需求和社会治理突出问题出发，把分散式信息系统整合起来，做到实战中管用、基层干部爱用、群众受用，要抓住人民最关心最直接最现实的利益问题，不断提高治理能力和治理水平，让人民群众有更多获得感、幸福感、安全感。社会组织和公民需破除"看客心态""依赖意识"等观念，增强自觉参与意识、责任担当意识，在提高公共服务水平、激发全社会活力上发挥应有的作用；同时，每个人都要以钉钉子的精神，一锤一锤接着敲，直到把钉子钉实钉牢，钉牢一颗再钉下一颗，不断钉下去，切实把工作干出成效来，积极推动社会治理共同体建设。

人人有责，强调必须尊重人民主体地位。习近平总书记指出，中国共产党的一切执政活动，中华人民共和国的一切治理活动，都要尊重人民主体地位。尊重人民主体地位，必须做到问政于民、问需于民、问计于民。无论是城市规划还是城市建设，无论是新农村建设还是乡村振兴，都要坚持以人民为中心，聚焦人民群众的需求，合理安排生产、生活、生态空间，走内涵式、集约型、绿色化的高质量发展路子，努力创造宜业、宜居、宜乐、宜游的良好环境，让人民有更多获得感，为人民创造更加幸福的美好生活。尊重人民主体地位，必须尊重人民的利益诉求。这就要求把人民的关注点变为我们工作的着力点，及时准确了解群众所思、所盼、所忧、所急，在解决住房、就业、孩子上学、食品安全、退休养老、医疗卫生、环境污染等重大现实问题上取得进展，让人民群众成为建设社会治理共同体的最大受益者、最积极参与者和最终评判者。尊重人民主体地位，必须把民主选举、民主协商、民主决策、民主管理、民主监督的实践贯穿于城乡社区治理的全过程和各方面，增强人民群众对社区的认同感和归属感。

人人尽责，每个人都要奋发努力、主动作为

习近平总书记指出，实现中国梦必须凝聚中国力量。"大厦之成，非一木之材也；大海之阔，非一流之归也。"建设社会治理共同体，需要全国人民振奋精神、团结进取，同心同德、凝心聚力。这说明社会治理需要每个人都奋发努力、主动作为。

人人尽责，强调需要加强城乡社区自治。城乡社区是人民群众安居乐业的幸福家园和社会治理的基本单元，也是实践人人尽责的基础平台。习近平总书记指出，"社会治理的重心必须

落到城乡社区""社区是基层基础。只有基础坚固，国家大厦才能稳固""社区是党和政府联系、服务居民群众的'最后一公里'""要推动社会治理重心向基层下移，把更多资源、服务、管理放到社区"。这一系列重要论述，突出了城乡社区治理在党和国家战略全局中的重要地位，也为建设人人尽责的社会治理共同体提供了强有力的支撑。

由此，要注重发挥党建引领作用。全面构建以基层党组织为核心、群团组织为纽带、各类社会组织为依托的基层群众工作体系，最大限度把群众组织起来，围绕基层党组织构建"群众自治圈""社会共治圈""网格服务圈""平安共享圈"，健全党组织领导的自治、法治、德治相结合的城乡基层治理体系，着力推进基层社会治理现代化。要注重缩小治理单元，落实到"人人"。对于大的社区，既有社区层面的公共利益和公共事务，也有物业小区甚至楼栋的共同利益和公共事务，需要以更小的自治单元开展协商议事，这样便于公众参与，便于激发居民的参与热情。譬如，有些地方建立了小区、楼栋、门栋自治机制，或者进行网格化治理的探索，都是缩小治理单元，合理划分自治空间，把治理机制向"最后一公里"延伸的尝试。此外，要依法推进城乡社区治理。办事依法、遇事找法、解决问题用法、化解矛盾靠法，充分发挥自治章程、村规民约、居民公约等"软法之治"的积极作用，不断培养民众的规则思维、程序思维和法治认同，使广大民众成为社会主义法治的忠实崇尚者、自觉遵守者和坚定捍卫者。

人人尽责，强调需要推进协商共治。协商共治就是要通过各种途径、各种渠道、各种方式就改革发展稳定重大问题特别是事关人民群众切身利益的问题进行广泛协商，既尊重多数人的意愿，又照顾少数人的合理要求，广纳群言、广集民智，增进共识、增强合力。习近平总书记指出，要发挥社会各方面作用，激发全社会活力，群众的事同群众多商量，大家的事人人参与。"民齐者强"，社会治理从来不是单方面的行动，而是所有相关主体通过有效整合而形成合力的过程，是全民参与的大合唱。社会治理共同体是一个均衡交织的网络状体系，每个治理主体虽然各司其职、权责明确，但必须相互协同、共同治理，才能实现各个主体间的良性互动，为社会治理现代化提供一个有序的发展空间。

协商共治不仅需要社会各主体之间协同配合、权责明确，更需要完善治理机制、拓展治理渠道。首先，要建立公众参与嵌入社区的制度平台，使社区各类主体自主、平等、理性地组织起来，通过沟通与对话参与社区公共事务。在社会治理过程中，要引导公民依照法律表达诉求和行使权利，实现政府治理和社会调节、居民自治良性互动。其次，要创新社会治理方式，畅通社会治理渠道。在新的历史条件下，建设社会治理共同体，需要推动协商民主广泛、多层、制度化发展，确保有效治理。比如，基层实践中探索出的"项目式参与"、线上和线下参与的有机融合、网络化社会参与等，这些行之有效的社会治理方式构筑了多维度的社会参与渠道，保证了公民的有效参与，营造了社会治理共同体建设人人尽责的良好氛围。

人人享有，每一个人都能共享发展权利、发展机会和发展成果

习近平总书记指出，"人民对美好生活的向往就是我们的奋斗目标"，"生活在我们伟大祖国和伟大时代的中国人民，共同享有人生出彩的机会，共同享有梦想成真的机会，共同享有同

祖国和时代一起成长与进步的机会"。这凸显出发展依靠人民、发展为了人民的重要理念。

人人享有，强调社会治理共同体建设成果的享有具有全民性。习近平总书记指出："共享发展是人人享有、各得其所，不是少数人共享、一部分人共享。"由此可见，社会治理共同体建设成果应为全体人民所共享，这是中国特色社会主义的本质要求，也是社会主义制度优越性的集中体现。社会治理共同体建设作为一项系统工程，与人民群众对美好生活的体验感、归属感、获得感息息相关。"民为邦本，本固邦宁。"习近平总书记高度重视民生工作，他指出："让老百姓过上好日子是我们一切工作的出发点和落脚点。"首先，始终从人民的需求出发，在社会治理共同体建设的过程中，努力实现幼有所育、学有所教、劳有所得、病有所医、老有所养、住有所居、弱有所扶等基本生活需要，让人民共享社会发展成果，实现美好生活。其次，在推进社会治理体系与治理能力现代化的过程中，必须按照人人有责、人人尽责、人人享有的要求，坚守底线、突出重点、完善制度、引导预期，注重机会公平，保障基本民生，着力解决不平衡不充分发展问题，形成有效的社会治理、良好的社会秩序。努力让全体居民都能享受到社区公共服务的便利，让每一位居民都能感受到自身的合法权益、权利和义务的公平实现过程，并且努力推进社区全体居民共同建设、共同治理、共同享有，使发展成果更多更公平地惠及全体人民。

人人享有，强调社会治理共同体建设成果享有的全面性。社会的发展是全面的发展，人民的需求是全面的需求。社会发展的全面性和人的需求全面性，决定了人人享有的全面性。首先，人人享有是共享社会治理共同体建设所有领域的发展成果。习近平总书记指出，共享发展就要共享国家经济、政治、文化、社会、生态各方面建设成果，全面保障人民在各方面的合法权益。这就要求社会治理共同体建设需要统筹推进"五位一体"总体布局建设，全面保障人民各方面的合法权益。其次，人人享有是共享社会治理共同体建设发展的全过程。在推进社会治理共同体建设的过程中，必须本着公平正义原则，不断完善相关制度规定，确保每一个人能公平地享有发展权利、发展机会和发展成果，实现人生理想和抱负，满足人民群众美好生活需要。

善于通过网络走群众路线[*]

孙照红[**]

党的十九届四中全会强调，"创新互联网时代群众工作机制，始终做到为了群众、相信群众、依靠群众、引领群众，深入群众、深入基层"。这一要求，凸显了互联网在创新群众工作、走好群众路线中的重要作用。抓住并用好互联网这一"最大变量"，是对各级党员干部能力和水平的检验和考验。

习近平总书记强调，各级党政机关和领导干部要学会通过网络走群众路线。近年来，各地顺应互联网发展的最新趋势，将新的技术手段应用于群众工作，探索出不少好经验、好做法。比如，有些地方通过"智慧党建"平台收集群众意见建议，及时与群众互动、解答群众疑问，实现服务群众"零距离"；有些地方打造"新时代 e 支部"，有效整合党务政务服务资源，切实把服务群众的过程变成凝心聚力的过程；还有些地方通过开展"党旗领航·电商扶贫"等活动，利用网络平台助力乡村振兴和农户脱贫增收，等等。这提示我们，创新互联网

　＊　原载《人民日报》2019 年 12 月 16 日。

＊＊　孙照红，北京市习近平新时代中国特色社会主义思想研究中心研究员。

时代群众工作机制，运用多种形式察民情、听民声、聚民力、汇民智、解民忧，有助于开辟更多联系群众、服务群众的"绿色通道"。

未来，在互联网等技术手段的助力下，创新群众工作机制，要朝着细致、精准的目标前进。对基层工作者来说，群众工作千头万绪，如何切实做到"民有所呼、我有所应"？如何将"群众利益无小事"体现在日常工作中？以互联网为代表的新技术为创新群众工作提供了科技支撑，是新时代坚持走群众路线的重要抓手。在原有工作机制的基础上，利用大数据、云计算、移动互联网等信息化手段，积极推动群众工作平台向移动端、云端转变，在移动终端实现群众问题采集、网上问题办理、服务群众功能，有助于构建疏导网上民意的最短路径，精准解决群众的实际困难。

创新互联网时代群众工作机制，需要搭建精细化的制度平台。比如，运用"互联网＋群众路线"的智慧平台，将信息技术运用到群众路线中来，为党群干群互动和群众有序参与提供常态化平台和通道；完善考核机制，通过设立"办理期限""群众满意度"等指标，对领导干部问政理政情况进行客观考核，克服懒政怠政、不担当不作为等问题；健全监督机制，通过设立信息公开、网络信访、网络举报等通道和制度，确保权力在阳光下运行；畅通信访举报受理渠道，着力解决群众上访"肠梗阻"问题，同时打击借网络监督之名行诬告陷害之实的行为，等等。通过健全完善工作机制，强化机制运行，做到责任明确、领导有力、运转有序、保障到位，着力解决群众工作弱化问题。

创新互联网时代群众工作机制，要善于借鉴互联网思维。"不忘初心、牢记使命"主题教育的具体目标之一，就是为民服务解难题。借鉴互联网的跨界、平台、大数据和用户思维，尤其是畅通群众通过互联网等渠道参与社会公共事务的途径，积极问政、问需、问计于民，才能让群众有更多参与感、获得感、认同感，从而切实提高互联网时代群众工作能力。

实践篇

京津冀污染防治与低碳发展[*]

陆小成[**]

2018 年 11 月 12—14 日，受不利气象条件、局地污染积累及周边区域污染传输共同影响，京津冀及周边地区出现严重雾霾天气。2018 年 11 月 24 日，北京市空气重污染应急指挥部办公室发布空气重污染黄色预警，黄色预警措施于当日 12 时启动实施。针对京津冀严重污染等难题，习近平总书记早已提出要实现京津冀协同发展，大力推进低碳发展。2017 年 2 月 23—24 日，习近平总书记再次视察北京，强调对大气污染等突出问题要综合施策。2018 年 5 月 18—19 日，习近平总书记在全国生态环境保护大会上强调，要加大力度推进生态文明建设、解决生态环境问题，坚决打好污染防治攻坚战，推动我国生态文明建设迈上新台阶。京津冀是污染高发区域和污染防控的重要阵地，如何在保持经济稳定发展、压产限产不搞"一刀切"基础上真正打好污染防治攻坚战，是当前京津冀三地迫切需要解决的难

* 原载《前线》2019 年 1 月 5 日。本文是北京市社会科学基金重点项目"世界级城市群视域下京津冀产业结构调整、污染防治与生态协同发展研究"（项目编号：18JDGLA027）阶段性成果。

** 陆小成，北京市社会科学院市情调查研究中心研究员，博士生导师。

题。打好京津冀污染防治攻坚战，关键是以产业调整为突破口，加快构建低碳发展机制，从污染源头上动真格的。

产业不合理、调整不彻底是污染久治不愈的"硬骨头"

随着我国工业化、城市化进程提速，经济粗放增长、能源快速消耗、雾霾天气频现等问题严重影响了人民群众的生存与生活空间，引发人民群众的强烈不满。加强污染防治与低碳发展是人民群众的新期待。当前，我国污染治理方式大多仍停留在治标不治本的初级阶段，陷入常态性治理难见成效、应急性手段难以长久的困境。京津冀地区在我国经济社会发展中具有重要的战略地位，但其存在严重的大气污染问题，大气环境复合型污染已经超越局部性污染，主要污染物排放量远远超过区域生态承载力。产业结构不合理、调整不彻底、高碳发展是京津冀地区污染久治不愈的"硬骨头"。

高污染产业多、排放强度大，导致蓝天白云难以持续。2017年，北京市三次产业结构为0.4：19.0：80.6，天津市三次产业结构为1.2：40.8：58.0，河北省三次产业结构为9.8：48.4：41.8。当前，河北省仍以第二产业为主导，以钢铁、水泥、火电、玻璃等为代表的高污染产业多、排放强度大，其中邯郸、邢台、保定、唐山等是全国污染重灾区。2016年3月14日，全国338个地级及以上城市中，京津冀区域内PM2.5、PM10平均浓度分别为63微克/立方米、131微克/立方米，北京、石家庄和衡水3个城市空气质量为中度污染。京津冀及周边地区SO_2排放强度是全国平均的3.6倍，NOx和烟（粉）尘排放分别是全国平均的4倍和6倍。从京津冀主要污染物排放来看，二氧化硫、氮氧化物、烟（粉）尘等指标中河北省最高。总结

"APEC蓝""阅兵蓝"等多次污染防治经验，严控燃煤电厂锅炉、停产限产高污染企业等系列措施是非常有效的。2018年3、4月份，京津冀地区在采暖季结束和机动车并无明显增减的情况下，由周边地区错峰企业恢复生产导致雾霾现象频发，充分说明产业结构不合理、高碳发展是污染久治不愈的核心问题，是雾霾频现的罪魁祸首。不从源头上加强产业调整和污染治理，仅靠临时的停产限产等行政手段，难以打好污染防治攻坚战。

燃煤量大面广、能源转型滞后，导致污染排放难以根治。京津冀及周边地区聚集大量的高耗能产业，柴油货车、非道路机械使用频率高，直接影响环境空气质量。京津冀豫晋鲁6省市总面积占全国面积的7.2%，却消耗了全国33%的煤炭，排放强度是全国平均水平的4倍左右。根据国家统计局公布数据显示，2016年京津冀三地煤炭消费量分别为847.62万吨、4230.16万吨、28105.65万吨，分别占全国煤炭消费总量的0.31%、1.56%、10.40%，其中河北省占大头。燃煤替代和传统能源转型严重滞后，导致污染强度居高不下、持续不断，污染防治任务艰巨。

产业调整不彻底、跨域传输未遏制，导致污染防控难以协同。近年来，京津冀及周边地区产业调整取得一定成效，但高污染产业还占一定比重，产业调整力度和效果与污染防治目标依然存在较大差距。污染的跨域流动性会导致特定区域的污染物排放传输到周边地区。京津冀大气污染传输通道可分为太行山脉/西南走向（安阳、邯郸、邢台、石家庄、保定等）、东南走向（天津、廊坊等）、正南（济南、淄博、滨州、沧州等）和东部（唐山等）方向。这些区域多分布钢铁、火电、焦化等高耗能产业，污染物排放强度大，对北京形成"污染围城"态势。有研究指出，北京全年PM2.5来源中，区域传输贡献为

28%—36%。但根据实际观察，在某些重度雾霾期间，污染物排放的区域传输贡献度将在60%—80%之间。

构建低碳发展机制是打好污染防治攻坚战的关键抓手

习近平总书记指出，要正确处理好经济发展同生态环境保护的关系，更加自觉地推动绿色发展、循环发展、低碳发展，决不以牺牲环境为代价去换取一时的经济增长。打好京津冀污染防治攻坚战，要以产业调整为突破口，以构建低碳发展机制为关键抓手，以源头防治倒逼产业转型，培育创新能力强、科技含量高、污染排放低的低碳产业体系，加快构建绿水青山、无烟无污、高质量发展的美丽京津冀。

加强产业转型升级，构建低碳化技术创新机制。产业调整和污染防治面临着吃饭、就业等社会问题。关停一些污染产业，必须有更好的产业跟进和就业补充，以减少经济下滑、失业增加等风险。加快产业转型升级，发展无污染、高科技的绿色低碳产业就是必然选择。要以低碳技术创新推动产业转型，根据能耗水平与污染强度采取差别化调控措施。如对污染产业的产能、规模及其就业岗位进行分阶段压减，实现减量调整；对无改造空间的污染产业实行外迁转移或永久关停；对有改造潜力的产业采用绿色低碳技术、循环经济模式实现转型升级，以技术创新强化超低排放、烟气脱硝、VOCs治理，推进产业向高端环节延伸，实现经济不滑坡、失业不扩大、污染不反弹、生态不恶化等多赢效果。京津冀及周边地区对压产限产不再搞"一刀切"，但应加快出台差别化的产业调整方案，制订产业调整三年行动计划，确定每年调整规模及路线图。特别是河北要力争第三产业比重从2017年的41.8%，在3—5年内提升到50%—

60%，甚至更高。以低碳技术创新和应用为重点，发展新能源、智能制造、节能环保等低碳产业，增加绿色就业，扩大低碳消费，加快低碳化发展。

重视绿色能源开发利用，构建无烟化空间治理机制。《"十三五"生态环境保护规划》提出，加快推进生态环境领域国家治理体系现代化，建立由空间规划、用途管制、差异化绩效考核等构成的空间治理体系。构建空间治理体系是维护国家生态安全、加强生态环境精细化管理的必然要求，通过优化空间布局、空间节能减排，助推污染防治与低碳发展。破解首都北京特大城市病，加快疏解非首都功能，要从空间上对京津冀地区进行资源优化配置与科学治理。推进京津冀协同发展，必须疏解非首都功能，实现空间资源的均衡布局，缓解中心城区环境压力。要从能源消费结构转型上减少大气污染物的排放，关键要减少燃煤排放，加快能源消费结构转型，坚持统筹生产、生活、生态空间管理，加强无烟化空间治理。加快京津冀及周边地区更大范围的煤改电、气改电步伐，推进电能替代和新型能源开发。发挥京津冀地区光照时间长、风能潜力大等优势，开发利用好河北张家口、承德、内蒙古及其他区域的风电、光电、地热能、生物质能等绿色低碳能源；加快智能电网建设，提升清洁能源接纳能力和输电效率，提高可再生能源比重。京津冀及周边地区要利用光伏＋扶贫项目契机，整合闲置空地、建筑屋顶、农村荒地等空间，推广分布式光伏发电，发展新能源汽车和轨道交通，减少对煤炭石油消费的依赖。

推广中关村辐射带动模式，构建生态化协同发展机制。发挥中关村在节能减排、绿色环保、清洁能源等领域的技术优势，帮助京津冀欠发达地区，特别是高污染区加快产业调整与绿色转型，实现生态化协同发展。创新京津冀协同发展体制机制，推广中关村"一区多园"的辐射带动模式，构建飞地经济或园区代管机制，落实跨区域的"四四二"或"五五"财税分成制度。围绕全国科技创新中心功能定位，营造科技研发在北京、创新成果在津冀转化和落地的空间格局，实现三地产业合理分工与功能互补，避免同质化竞争。

从污染源头上强化长效监督，构建精准化治污防控机制。发挥好京津冀及周边地区大气污染防治领导小组的防控与协调功能，将污染防治与产业调整工作紧密结合，利用互联网＋和大数据技术构建全民参与、智能化、全天候的污染源监控网络，强化源头预防、过程监管、后果惩处等全周期防控。针对不同污染情况进行精准治理。北京大气污染物主要来源是机动车尾气排放，应提高排放标准和用车成本，加快淘汰传统燃油车，实现绿色转型。天津和河北主要是工业污染，应加强燃煤控制、能源调整以及对重化工产业的转型升级。从生态文明政绩考核、合同能源管理、环境污染第三方治理等维度精准施策，在生态修复、节能减排、设施建设等领域建立共享共治平台，推进精准化污染防控。

破解发展不平衡与污染并存难题，构建均等化服务供给机制。环境污染在很大程度上与发展不平衡不充分问题紧密关联。加强公共服务均等化供给，吸引高端创新资源进入，助推污染防治与协调发展相统一。在生态涵养区，根据谁污染谁付费原则，利用污染税、碳交易等经济手段，提高企业排污成本，构建污染区域与生态涵养区之间的市场化生态补偿机制，打好生态牌、文化牌。发展森林康养、特色林果、绿色金融、民俗旅游等特色产业，实现生态兴区、绿色富民。在农村等欠发达地区，将精准扶贫与污染防治紧密结合，加强农村"散乱污"企业疏解和环境整治的同时，帮扶农村加快产业转型与绿色发展。

加快交通、教育、医疗等资源供给，利用首都丰富的人才、技术等资源和广阔的消费市场，发展有机农业、生态旅游、休闲养老等惠民产业，培育智慧、文创、冰雪等各类特色小镇。通过空间优化布局和产业转型升级，将北京丰富的人力、科技、信息等资源转化为新动能，加快构建城乡产业兴旺、人民获得感强、城乡融合发展、生态环境优美的新时代首都圈。

参考文献

北京市统计局、国家统计局北京调查总队，2018，《北京市 2017 年国民经济和社会发展统计公报》。

天津市统计局、国家统计局天津调查总队，2018，《2017 年天津市国民经济和社会发展统计公报》。

中国雄安官网，2018，《许勤在省人代会上作政府工作报告》，http：∥www. xiongan. gov. cn∕2018－02∕05∕c_129805400. htm。

关键子落 满盘皆活[*]

——"一核两翼"推动京津冀打造世界级城市群

施昌奎[**]

党的十八大以来，以习近平同志为核心的党中央作出了关于建设北京城市副中心、建设雄安新区，与首都北京形成"一核两翼"战略格局，继而带动建设京津冀世界级城市群的一系列重要部署。2017 年 9 月，党中央、国务院正式批复《北京城市总体规划（2016 年—2035 年）》，在北京市域范围内形成"一核一主一副、两轴多点一区"的城市空间结构。京津冀像一个巨大的棋盘，"一核"引领、"两翼"齐飞，关键子落、带动全局。千年大计，国家大事，高质量发展的京津冀城市群正在迅速崛起，向全世界展示了中国人民充满智慧的解决方案。

"一核两翼"为建设世界城市群提供了战略设想

自 1957 年法国地理学家戈特曼首次提出"大都市带"概

---

* 原载《前线》2019 年 3 月 5 日。

** 施昌奎，北京市社会科学院管理研究所副所长，研究员。

念，到狄更斯和木内信藏将城市分为中心地域、周边地区和远郊腹地的圈层结构以来，都市圈理论就成了热门学科。世界五大著名都市圈——纽约都市圈、伦敦都市圈、东京都市圈、巴黎都市圈和北美五大湖都市圈的迅猛发展，也应验了戈特曼对都市圈将是 21 世纪人类文明标志的预言。中国改革开放 40 年来，充分发挥了后发优势和制度优长，使长三角都市圈和粤港澳都市圈强势崛起，大大缩短了与世界五大都市圈的差距。但以首都北京为核心的京津冀都市圈却面临着中心城市人口资源环境压力大、区域发展不平衡、生态保护不协同等实际困难。城市群是区域综合发展的动力源和推进器。近 5 年来，习近平总书记四次视察北京，五次对北京发表重要讲话，系统地提出了"一核两翼"的战略设想和实现路径，为世界城市群的建设提供了解决方案和根本遵循。2019 年 1 月 18 日，他在考察北京后举行的京津冀协同发展座谈会上，更加明确了"一核两翼"的发展方向，要以首都北京为核心，雄安新区与通州城市副中心为"两翼"，紧紧抓住疏解北京非首都功能这个"牛鼻子"，推动京津冀协同发展，继而建设世界级城市群，为人类命运共同体贡献中国智慧和力量。

"一核两翼"为建设首都指明了战略方向

"一核两翼"是习近平新时代中国特色社会主义思想的具体体现，是马克思主义中国化的生动写照，展现了中国领导人高超的战略智慧。在"建设一个什么样的首都、怎样建设首都"的重大问题上，习近平总书记早在 2014 年考察北京时，就提出了疏解北京非首都功能的战略设想，为解决首都可持续发展、克服"城市病"问题提供了解决路径，为京津冀协同发展指明了方向。疏解北京非首都功能战略思想的提出，解决了京津冀城市群可持续发展的四个关键问题，同时确立了首都"四个中心"功能定位。在政治中心方面，做好中央政务功能服务和首都政治安全保障工作。在文化中心方面，加强世界遗产和老城的整体保护，精心保护好这张中华文明的金名片、保护好老城和历史文化街区。统筹推进大运河文化带、长城文化带、西山永定河文化带的保护利用，强化首都风范、古都风韵、时代风貌的城市特色。在国际交往中心方面，用好"一带一路"国际合作高峰论坛服务保障成果，加强国际交往重要设施和能力建设。在科技创新中心方面，以建设具有全球影响力的全国科技创新中心为引领，重点抓好"三城一区"，带动十六区发展，构筑北京发展新高地。解决了"都"与"城"的关系。紧紧围绕实现"都"的功能来谋划"城"的发展，努力以"城"的更高水平发展服务保障"都"的功能。端正了"舍"与"得"的观念。抓住疏解非首都功能这个"牛鼻子"提升首都功能，有所为有所不为，腾笼换鸟，打造首都高精尖产业结构，实现减量和创新发展。明确了"一核"与"两翼"的关系。城市副中心与雄安新区都是疏解非首都功能的重要环节。城市副中心主要承接市属部门的疏解任务，带动中心城区功能与人口疏解，发挥对周边区域的带动作用。雄安新区主要承接中央所属单位的疏解任务，北京市要以实际行动支持雄安新区建设，支持更多优质公共服务资源，包括医疗、教育、科技创新资源等入驻雄安新区。

"一核两翼"为京津冀城市群高质量发展提供了强大动力

"一核两翼"遵循国际最高设计水准。2019年1月2日和

3 日，经党中央批准，国务院分别批复同意《河北雄安新区总体规划（2018—2035 年）》和《北京城市副中心控制性详细规划（街区层面）（2016 年—2035 年）》，标志着"两翼"规划设计圆满完成，开始步入大规模实施阶段。习近平总书记对"两翼"的规划设计和建设运营提出了共同的要求：坚持世界眼光、国际标准、中国特色、高点定位，以创造历史、追求艺术的精神，以最先进的理念、最高的标准、最好的质量推进"两翼"建设。河北雄安新区将建成绿色低碳、信息智能、宜居宜业、具有较强竞争力和影响力、人与自然和谐共生的高水平社会主义现代化城市，着力打造绿色生态宜居新城区、创新驱动发展引领区、协调发展示范区、开放发展先行区。雄安新区作为北京非首都功能疏解集中承载地，要建设成为高水平社会主义现代化城市、京津冀世界级城市群的重要一极、现代化经济体系的新引擎、推动高质量发展的全国样板。北京城市副中心将建设国际一流的和谐宜居现代化城区，着力打造低碳高效的绿色城市、蓝绿交织的森林城市、自然生态的海绵城市、智能融合的智慧城市、古今同辉的人文城市、公平普惠的宜居城市。要有序承接中心城区功能疏解。城市副中心以行政办公、商务服务、文化旅游为主导功能，形成配套完善的城市综合功能区。通过市级党政机关和市属行政事业单位搬迁，带动中心城区包括学校、医院等其他相关功能和人口疏解。充分发挥"两翼"的疏解承接作用，与河北雄安新区错位发展，推动中心城区符合城市副中心功能定位的企业总部等向城市副中心搬迁，建设国际化现代商务区。要突出水城共融、蓝绿交织、文化传承的城市特色。全面增加水绿空间总量，建设大尺度生态绿化，率先建设好城市绿心，实现森林入城。充分挖掘历史文化内涵，营造传统文化与现代文明交相辉映的人文环境，建设古今同辉的人文城市。要建设未来没有"城市病"的城区。坚持公交优先、绿色出行，构建舒适便捷的小街区、密路网的道路体系，营造绿色交通环境。大力推动生态文明建设，深入实施大气、水和土壤污染防治，持续改善生态环境质量。建设国际一流的市政基础设施体系，高标准规划建设防灾减灾基础设施，强化城市安全风险管理，建立城市智能运行模式和治理体系。推进教育、文化、体育、医疗、养老等公共服务设施建设，提升生活性服务业品质，建立优质、公平、均衡的民生服务体系，实现职住平衡发展。推进老城区城市修补、生态修复，实现新老城区深度融合，为老城区复兴注入新活力。

"一核两翼"发挥政府推动和市场调节作用。中国特色社会主义体制既有集中力量办大事的天然优势，又有充分发挥市场机制灵活性的空间。2019 年 1 月 18 日，习近平总书记在考察三地后举行的京津冀协同发展座谈会上明确指出，在疏解北京非首都功能上要讲究方式方法，既要发挥政府的推动作用，又要发挥市场机制的引导作用。雄安新区要充分发挥政府推动和市场调节的双重作用，按照新区规划，营造承接环境，明确承接重点。北京城市副中心建设是集中力量办大事的典范，北京市级机关的迁入对城市副中心周边的辐射和带动作用显著，政府大力优化营商环境，创新性地提出"一会三函"审批改革措施，将原来需要办理的 20 多个审批事项，优化成"一会三函" 4 个环节（"一会"指召开会议集体审议决策，"三函"指建设项目前期工作函、设计方案审查意见函、施工意见登记函），大大缩短了审批时间。随着教育、医疗、文化等公共服务设施的不断完善，城市副中心的承载力和吸引力将越来越大。

"一核两翼"创新多层次区域协同机制。要紧紧抓住疏解北京非首都功能这个"牛鼻子"不放松，促进京津冀协同发展，聚合力量形成合力，共同推进雄安新区和北京城市副中心建设向前迈进。在京津冀协同发展国家战略和《京津冀协同发展规划纲要》的指引下，三地已经形成了多层次的区域协同机制，在政府之间形成了不同层次的合作关系。如北京市通州区与河北省廊坊北三县地区实现了统一规划、统一政策、统一标准、统一管控，通过政府引导、市场运作以及合作共建等方式，推动交通基础设施、公共服务和产业向河北省廊坊北三县地区延伸布局，在诸多方面形成了协同共建的局面。

参考文献

董微微，2015，《首都圈发展模式与门户城市作用的国际比较》，《当代经济管理》第8期。

李国平，2017，《加强"一核两翼"协同发展》，《北京日报》7月31日。

北京市社会科学院课题组，2018，《以习近平首都建设思想为指导　推进北京城市副中心建设》，《前线》第1期。

北京高精尖产业体系建设浅析[*]

邓丽姝[**]

党的十九大报告指出，我国经济已经转向高质量发展阶段，建设现代化经济体系是我国发展的战略目标。在全国科技创新中心的功能定位下，首都现代化经济体系建设有了更加坚实的创新动力支持，创新引领的高精尖产业体系建设已经成为北京建设现代化经济体系的内容支撑和经济高质量发展的战略引擎。

高精尖产业体系是北京建设现代化经济体系的战略引擎

高精尖产业为北京现代化经济体系建设提供了内容支撑。北京根据自身区域经济发展的特点，将高精尖产业定义为以技术密集型产业为引领，以效率效益领先型产业为支撑的产业集合。高精尖产业体系是以创新为根本动力的产业体系，高精尖制造业、服务业的协同发展与融合互动产生了结构效益，创新驱动下的科技服务业则发挥了主导作用。2017 年，北京新经济实现增加值 9085.6 亿元，占全市 GDP 的 32.4%；金融业、科

---

* 原载《前线》2019 年 3 月 5 日。

** 邓丽姝，北京市社会科学院经济研究所副研究员。

学研究和技术服务业、信息传输、软件和信息技术服务业实现增加值合计占全市 GDP 的 38.1%，对经济增长的贡献率达到 53%。2017 年，规模以上服务业企业收入利润率为 23.2%，其中信息传输、软件和信息技术服务业达到 35.2%；规模以上工业企业实现利润同比增长 27.5%，其中计算机、通信和其他电子设备制造业、医药制造业分别增长 90.7%、29.5%。高精尖产业体系是创新驱动的产业体系。根据北京市统计局发布的大中型重点企业研发情况数据，2018 年 1—11 月北京大中型重点企业 R&D（研发）经费内部支出 523.8 亿元，同比增长 16.2%。其中信息传输、软件和信息技术服务业 250.3 亿元，增长 16%；科学研究和技术服务业 96.7 亿元，增长 31.4%。实现有效发明专利数 7.1 万件，同比增长 38.5%。实现新产品销售收入 3394.4 亿元，同比增长 8.3%。人工智能、5G、网络数据通信、新能源汽车设计、集成电路设计等高精尖领域成为研发创新活动的重要增长点。发明专利，尤其是高价值专利正逐步成为高精尖产业发展的核心支撑。截至 2016 年底，北京战略性新兴产业发明专利拥有量超过 7.6 万件，占全国的 17.3%。其中，节能环保、新材料、生物等领域专利拥有量全国第一。高精尖产业体系是融合发展的产业体系。一方面表现为科技服务业向高技术制造业等现代产业的融合渗透。科技服务业营造产业创新生态、打造创业孵化体系，为新兴高精尖产业衍生提供了协同创新的环境和条件。以众创空间、孵化器、大学科技园等服务机构为主要支撑的创新创业生态已经形成。截至 2017 年 10 月，在北京市科学技术委员会备案的众创空间共 215 家，其中国家级众创空间 125 家。北京致力于打造智能计算、机器人、新能源智能汽车、石墨烯新材料、工业大数据等高精尖领域的产业创新中心，为行业发展提供关键共性技术，创新服务和新型创业创新孵化平台。另一方面表现为现代制造业的发展模式创新。制造业通过应用新一代信息技术、与信息服务融合互动，加速实现转型升级。龙头企业在实现智能化升级、打造智慧工厂基础上，通过云平台向制造服务业企业转型。

提升创新主体能力，夯实高精尖产业发展支撑能力

夯实企业技术创新主体地位。加强企业在创新决策中的主体作用，逐步形成竞争类高精尖产业技术创新的研发方向、技术路线、要素配置由企业根据市场需求自主决策的机制。完善企业参与研究制定国家科技创新规划、计划、政策和标准的机制，在市场导向明确的科技计划中，促进企业成为决策者、组织者、投资者。完善政策措施，引导企业加大技术创新投入，健全技术研发、产品创新、科技成果转化的创新机制。支持企业建立独立的研发机构，依托骨干企业建设国家工程（技术）研究中心、国家工程实验室。深化产学研协同创新，支持骨干企业与科研院所、高校联合建设产业技术创新战略联盟，健全联合开发、专利共享、成果转化利益风险共担的产学研用合作机制。

增强国有龙头企业创新能力和带动力。与中央企业合作，整合对接国家创新系统与北京区域创新系统，提升中央企业创新活动对北京的支撑带动作用。以央企和地方大型国企为核心，整合北京高精尖领域创新资源，建设产业重大自主创新生态系统。切实增强国有企业承担国家创新战略要求的技术创新使命，在科技体制改革和国企改革框架下，做好对大型国有企业的创新顶层设计和制度安排，完善激励约束机制，培育企业家精神，加强制度性约束，将企业可持续发展作为重要考核标准。加强对具有行业龙头地位国有大型企业的创新服务，精准施策，有

效落实"一企一策"。

激发民营企业创新活力。加强对民营企业的创新服务和扶持，面向民营企业、中小微企业，完善创新服务体系，加强技术创新服务平台建设。加大民营经济知识产权保护力度，探索符合市场经济的知识产权保护模式。加强对企业创新的投融资支持，加大对民营企业创新产品的政府采购力度，探索政府采购民营企业产品新模式。构建孵化产业生态链，营造促进创新创业公司发展的创新环境，支持民营企业取得颠覆性科技创新和商业模式创新的突破。

深化科研院所改革。北京聚集了一批国家级和行业龙头科研院所，这些院所是产业创新体系中的重要供给源。在科技体制改革框架下，不断明晰科研院所功能定位，积极探索实行分类改革。推进重点领域科研院所成为行业共性技术研发机构，健全完善治理机制、运营机制和激励机制，提高共性技术研发能力和效率。深化应用性科研院所改革实践，引导科研院所结合自身实际探索改革模式，形成可复制可推广的典型经验。在新一代信息、生物医药、智能制造等高精尖领域，支持相关科研院所整合创新资源，主导建设专业科技企业孵化器、产业技术联盟。支持转制科研院所推进科研、中试、产业化三位一体的创新模式，鼓励其与总部、研发机构在北京的科技集团合作，提高创新链整体运行效率。

发展新型研发机构。在北京，新型研发机构以紧抓源头、瞄准应用、打通链条、集聚要素为共同特征，依托大院大所，一手抓原始创新、一手抓成果转化和技术应用，成为高精尖产业发展的创新引擎。加大对新型研发机构的政策支持，促进政策落地，鼓励大胆探索，完善运行机制。持续推进系统性体制机制创新，组织形式上由政、产、学、研高度协作，运行上实行市场化社会化企业化的人员聘用机制、遵循科研规律的人才激励机制和考核机制、优中选优的项目筛选机制、市场化的企业孵化机制及创新融资机制等。加强经验总结、复制、推广，引导科研机构改革、创新和发展，完善支撑北京高精尖产业发展的现代研发组织体系，构建产业创新生态网络。

创新型服务业主导全面深度融合，夯实高精尖产业体系结构动力

科技服务业带动创新环节升级。科技服务业通过产业关联、知识外溢将科学技术导入产业发展过程，是创新链与产业链、价值链有效对接的重要载体。充分发挥市场机制作用和企业主体能动性，加快构建科技服务与现代产业的融合互动机制，提升价值链创新环节发展能力。双向拓展现代产业链与科技创新服务链，打造各产业专业化创新体系，提高产业链、创新链、价值链的融合创新效益。以生物医药产业为例，在中国生物技术创新服务联盟支撑下，以科技服务业主导融合发展，产业创新体系初步形成。整合科研院所、创新企业、金融机构等行业创新资源，提高资源优化配置效率效益。加强产学研结合，促进研发机构、高校院所、企业协同创新。创新运营机制和服务模式，加强研究开发、成果转化等关键创新服务环节，为创新项目的产业化提供全面解决方案和一站式专业服务。

促进制造业向高端服务化转型。加强与服务业的融合互动，促进制造业构建服务融合型产业链和产业体系。支持制造企业加强研发设计、创意孵化、技术服务等高端服务链条，整合、集成关键服务环节，重构产业价值链。促进制造业企业由提供产品向高端服务转型，建立产品和服务协同盈利模式，向一体化服务总集成总承包和技术服务商升级。在集成电路、智能汽

车、新能源等高端制造业领域，依托柔性化、智能化生产方式，发展网络众包、精准供应链管理等服务。在智能终端等产业领域，通过"服务—制造"融合，推动产品设计制造与内容服务、应用商店模式整合发展，提升全产业链竞争力。以服务输出带动产业协同发展，支持企业以技术和品牌授权等方式在外地部署子公司，促进智能制造、智慧工厂进行技术输出、服务输出、模式输出。在服务辐射和协同创新中，提升制造企业服务化融合水平，实现向"研发＋总部"发展模式升级。

以服务融合支撑产业发展模式创新。推进北京文化创意和设计服务对产业发展的融合渗透，打造创意经济发展模式。在商贸流通等服务业改造提升中，突出加入创意和设计元素，提升生活服务业的创意和文化品质。鼓励相关行业大型企业独立化专业化发展创意设计功能，以创意设计环节为主导打造核心竞争力，发挥文化创意对品牌建设、营销策划等商务服务活动的价值提升作用。支持文化创意和设计企业以产业关联为基础，实现业务合作和跨界融合，盘活工业资源，促进传统产业转型升级。发挥北京先发优势，打造节能环保一体化集成服务，实现节能环保服务业与高端制造业、战略性新兴产业等重点领域双向融合互动，优化绿色化、生态化、集约化产业发展模式。

参考文献

北京市统计局、国家统计局北京调查总队，2018，《北京市 2017 年国民经济和社会发展统计公报》。

国际比较研究院，2017，《2017 新动能新产业发展报告》，中国统计出版社。

李晓华，2018，《多维度认识现代产业体系》，《经济日报》6 月 21 日。

北京市统计局、国家统计局北京调查总队编，2018，《北京统计年鉴 2018》，中国统计出版社。

从皇家苑囿到国家公园[*]

吴文涛[**]

北京南部地区是服务保障首都功能、承接中心城区疏散功能的重点地区，也是北京面向津冀协同发展的战略要地。其中，南苑（含南海子）地区具有深厚的历史文化底蕴及良好的生态环境优势，理应成为城南发展规划的重中之重，在顶层设计上给予特别关注。

地理空间完整性和历史文脉延续性

历史上的南苑（含南海子）是一个整体，是永定河故道遗存的天然湿地和辽金元明清五朝皇家苑囿，其地理空间的完整性和历史文脉的延续性不应被打破和分割。

南苑一带在元代以前曾是永定河故道，由于湖沼密布、水草丰美、野生动物繁多，自辽金始成为宫廷苑囿。元代称南苑为"下马飞放泊"，是皇家专属猎场。明代"复增广其地，周垣百二十里"，被称为"南苑"或"南海子"，是高墙深院、朱

---

* 原载《前线》2019 年 4 月 5 日。
** 吴文涛，北京市社会科学院历史所副研究员。

门碧波的皇家行宫。清代鼎盛时规模和功能都进一步扩大，"春蒐冬狩，以时讲武""恭遇大阅则肃陈兵旅于此"，成为京城最大的皇家园林。其大致范围北起大红门，南至南大红门；西起西红门，东至马驹桥西；西北至镇国寺，东北至小红门；西南至海子角，东南至大回城，方圆210平方公里，面积两三倍于北京旧城。本文中的南苑地区，指的就是历史上的这个"南苑"，它包含了今丰台区南苑乡、花乡及大兴区团河、瀛海、鹿圈、旧宫、亦庄等所属部分地区。

南苑除了供皇家休闲、游猎外，还承担着生产储备、生态调节、阅兵操练、外交门户等作用。永定河故道丰饶的水土条件使这里成为京城蔬菜瓜果、肉禽蛋奶等副食品生产基地，不仅为皇室生产特供，也为军队供应马匹和粮草；水草丰腴的湖沼湿地不仅造就了旖旎风光，还具有强大的生态调节功能，对涵养水源、蓄洪防旱等也发挥了积极效益。作为北京城的南部门户，南苑也是清朝皇帝接见少数民族领袖和各国使节的重要场所。这里经常举行抚绥少数民族首领的相关庆典，对民族团结、政权巩固具有特殊意义。

南苑地区在清末被作为荒地拍卖，昔日皇家园林的风光不再，大量民间资本涌入，许多新兴农庄出现，近代新式业态纷纷入驻。民国时期，燕京大学曾在此开办中美合作的农业试验场，引进国外先进农业技术和品种进行实验推广，对改良华北农业起到了引领作用。这里还出现了中国最早的航空学校以及北京最早的机场（即今南苑机场的前身）。新中国成立后，在原南苑航空学校基础上建立了中国运载火箭技术研究院，成为中国航空航天事业的摇篮。南苑地区的万顷良田被划入集体农庄和国营农场，成为首都重要的农业产区和副食品生产基地。

如今，这座曾经最大的皇家苑囿尚有南海子部分水洼和团河行宫、晾鹰台、德寿寺等古迹残存。其范围轮廓依然大致清晰，文化习俗在地方仍有传承，传统业态格局在村庄、产业分布上也有所体现。曾经地域宽广、风貌独特、自成一体的五朝皇家苑囿，分属丰台（以南苑乡为核心）、大兴（以南海子为核心）两区，被不同的产业规划和发展思路切割，变得零散而细碎，这无形中破坏了其历史文化价值的整体性和区域风貌的完整性。

"一轴""一带"的交叉地位和交互功能

在《北京城市总体规划（2016 年—2035 年）》（以下简称"新总规"）中，南苑地区正好位于南中轴延长线和西山永定河文化带的交汇处，承载着"一轴""一带"建设的双重任务。

北京中轴线是古都北京的灵魂和脊梁，在传统城市空间和功能秩序上起着统领作用。新总规提出，要构建"一核一主一副、两轴多点一区"的城市空间结构。中轴线及其延长线就是其中的重要一轴。传统中轴线南起永定门，北至钟鼓楼，长约7.8 公里。新总规中的中轴延长线则向北延伸至燕山山脉，向南延伸至北京大兴国际机场、永定河水系。中轴线的南北延长，是对传统中轴线理论的不断丰富，是对传统都城营造理念的继承，也是当代北京城市空间拓展的客观需求。南苑地区正好位于南中轴延长线上，无论是从历史的角度还是以发展的眼光看，它都可以完美地体现"中轴线既是历史轴线，也是发展轴线"的要义，发挥历史文化魅力、环境资源效益和空间格局优势。

新总规明确将西山永定河文化带纳入北京历史文化名城保护体系，要求以生态涵养和文化驱动为主题对永定河流域进行综合治理。这是站在国家战略高度的深远布局，是在更大格局、更广视野中审视永定河的文化价值，发挥永定河流域山水同源、文化同脉的优势，为提升整个流域的社会发展水平注入灵魂和永恒的动力。

作为永定河故道，南苑地区是西山永定河文化带的一个重要节点。历史上，永定河的多次漫流冲刷，为这里留下众多河塘湖泊和丰富的地下水，形成了水网密布、草木茂盛、鸟兽聚集、风景如画的独特地域风貌。结合西山永定河文化带的建设，南苑地区承担着绿色生态修复和传统文化复兴的双重重任。"一轴""一带"在此相交，天然地凸显了南苑地区的历史文化价值与生态文化价值，表明该地区正面临千载难逢的历史性机遇。

改革开放以来，南苑东部区域成为国家级经济技术开发区（亦庄）的一部分，众多高新技术产业相继在此落户发展。中轴线的南端，一座崭新的现代化国门——北京大兴国际机场拔地而起，它将给这里带来更加便利的交通和顺畅的人流物流。历史的积淀、产业的更新、文化的创新，赋予了这片土地深厚的文化底蕴和强大的创新基因，必将使其成为一片崭新的文化热土和新业态高地。

在"一核两翼"规划和京津冀空间格局中的特殊区位和战略意义

牢牢把握北京进入历史性空间格局调整的重大战略机遇。背依京城、面向津冀，"一核两翼"的新首都规划，使南苑原有的区位优势更加凸显，区域价值更加特殊。从城市"摊大饼"转向规划建设北京城市副中心和雄安新区两个新城，作为"两翼"分列北京中心城区的东侧和西南，一左一右拱卫京城，形成新的首都发展骨架。南苑地区作为连接北京中心城区、城市副中心、北京大兴国际机场和雄安新区的重要空间走廊，不仅占据了"一主（中心城区）""一轴（南中轴延长线）""多点"（亦庄新城）和西山永定河文化带四个区位优势，在"一核两翼"的京津冀空间格局中还正好位于西南走向的"京保石发展轴"和东南走向的"京津发展轴"的夹角处。它犹如相连山脊之间扇形张开的谷地，呈现出由首都核心城区向津冀腹地纵深辐射的空间形态，区位优势十分明显。

统一规划打造南苑文化与生态"特区"。鉴于南苑地区独有的历史文化背景、生态环境特征以及在国家战略规划中特殊的节点地位，建议将历史上的南苑地区尽可能地予以整体规划，以生态修复和文化复兴作为主要承载功能。作为两条发展轴之间的空间缓冲和功能区分空间，南苑的整体规划可以更好地体现"都"与"城"、城与自然、人口疏解与城市品质提升之间的辩证关系，成为京津冀协同发展格局中一片风貌迥异、功能独特的区域。建议市级层面成立专门的领导小组协调丰台、大兴两区，由首都规划建设委员会组织专家学者统筹设计，引入"特区"概念将南苑地区进行统一整体规划，打造一个文化与生态"特区"，而非设立一级行政机构、增加管理层级。协调各区规划衔接，整合资源，最大限度地保护好南苑空间格局的整体性、特殊性和文化风貌的延续性，使之成为城南地区最大的历史文化宝库。这个"特区"，"特"在独特风貌，"特"在文化属性，"特"在生态投入，有别于经济特区和科技开发区。

建设大型国家级湿地郊野公园。借助永定河故道的地理基础和已有的麋鹿苑、南海子公园等条件，最大限度地恢复皇家苑囿曾有的历史风貌和生态环境，将这里建成一个汇集各种动植物资源和以"森林—草地—河流—湿地"形态为主的大型国家级湿地郊野公园。以国家公园为核心，打造"一核两翼"、两大发展轴之间的疏散空间。南中轴延长线到此正好在永定门和新机场之间形成一个城市形态的波谷，就像什刹海之于紫禁城和钟鼓楼。这不仅能在城南地区和"京保石发展轴""京津发展轴"之间形成一片良好的生态涵养区和人口洼地，起到空间上的自然缓冲和分隔作用，还能给周边的文化产业、科技产业等提供优质环境支撑，并满足城市对防灾减灾空间的需求。南苑国家湿地公园与北中轴延长线上的奥林匹克森林公园遥相呼应，构成南北中轴线的完美对称。

大力发展文化科技产业。南苑地区富含历史文化、生态文化以及创新文化基因，为三者融合发展提供了良好的基础和势能。近年来，文化创意、非遗文化技艺展示与传承等新型业态在南苑地区蓬勃兴起。周边既有航空航天高端科研机构聚集，又有中关村科技园区（丰台园）、北京经济技术开发区（亦庄），文化与科技的发展势能强劲。应抓住南苑机场搬迁、大红门地区功能疏解、南海子湿地生态修复等有利时机，加强周边地区的基础设施建设与环境提升，努力建成融生态旅游、文化展示、科技研发、商务金融、国际交往等功能于一体的低密度、高附加值的生态文化、绿色科技发展区，带动京南及相邻津冀地区发展。

参考文献

（清）于敏中等，1983，《日下旧闻考》，北京古籍出版社。
王璞子，1944，《南苑建置考略》，《中和月刊》第9卷。

首都核心区发展的五个维度[*]

唐　鑫^{**}

习近平总书记指出："疏解北京非首都功能，不是说北京不要发展了，北京要发展，而且要发展好，只是发展动力要转变、发展模式要创新、发展水平要提升。"这为提高首都发展质量指明了方向。《北京城市总体规划（2016 年—2035 年）》（以下简称"新总规"）贯彻落实习近平新时代中国特色社会主义思想，围绕北京"减量提质"发展总要求，确立了首都功能核心区（以下简称"核心区"）的功能定位。蔡奇书记在核心区调研时指出，"核心区是国家政治中心、文化中心和国际交往中心的核心承载区，是历史文化名城保护的重点地区，是展示国家首都形象的重要窗口地区"，明确了核心区政务环境优良、空间布局优化、非首都功能疏解、人居环境一流的发展目标。

从国家发展大局审视核心区发展，用新发展理念来检验核心区发展，对标对表新总规，可以看出提高核心区发展质量还存在一些制约因素。如：聚焦首都核心功能建设的创新发展动力需要增强；围绕核心区功能定位的协调发展格局需要完善；

＊　原载《前线》2019 年 5 月 5 日。

＊＊　唐鑫，北京市社会科学院研究员、北京世界城市研究基地主任。

符合核心区"一流人居环境"要求的绿色发展品质需要提升；与核心区建设国际交往中心相适应的开放发展步伐需要加快；面向国际一流和谐宜居之都建设的共享发展水平需要提高等。

在创新维度上，释放要素活力

在释放要素活力基础上，加快制度创新，着力提升城市治理效能、激发文化创新活力、增强科技创新动能，推动核心区高质量发展。

加大城市治理创新力度。深入推进疏解提升工程，将疏解北京非首都功能深化为疏解非核心区功能，精准推进"规模控制"、"功能减负"和"空间紧缩"。创新城市治理模式，以城市功能的优化作为城市治理考核的核心内容，以解决疏解腾退、保护利用、安全稳定问题为突破口，完善老城区整体保护与复兴的长效机制，以精治共治法治完善城市管理标准体系，提升城市管理效能和治理水平。

激发文化创新活力。创新历史文化资源保护模式，完善历史文化街区保护与复兴的长效机制，推进非物质文化遗产"活态传承"。利用新技术，创新历史文化展览展示形式，促进历史文化资源融入到经济社会发展中、融入到人民群众的生产生活中。深化文化与经济融合，实施"文化＋"产业融合行动，促进文化与科技、金融、旅游、商业等产业融合创新，形成以文化为核心的现代产业体系。强化公共文化有效供给，推动公共文化服务体制机制创新，完善要素配置，提升服务效能。

增强科技创新能力。做强创新载体，高定位建设中关村核心区科技园，培育大型创新企业，发展低成本、便利化、全要素、开放式的众创空间，形成"苗圃—孵化器—加速器"创新培育链。完善创新机制，形成政府为引导、企业为主体的科技投入机制，完善知识产权保护和技术成果推广机制。建设创新型智慧城市，运用移动互联网、物联网、云计算、大数据、人工智能提升城市智能化运行水平，带动城市治理创新和文化创新、科技创新。

在协调维度上，加强主体功能建设

着眼增强发展的整体性，推动核心区城市功能和空间布局同步优化，核心区建设和管理水平协同提升，核心区文化软实力和经济硬实力相得益彰。

高位统筹政治功能建设。统筹政治功能与其他功能建设，将优化功能结构与"四个服务"有机结合，把为中央服务与为人民群众服务有机结合，全面提高服务保障水平。统筹用好中央资源，建立区政府与中央、北京市属单位的协调机制。统筹安排与周边城区合作，形成交流合作长效机制，统一相关政策和行动步伐。统筹建立安全防控体系，强化各层面协同，织密社会治安防控网络。

协调推进文化功能建设。加强历史文化资源保护与开发利用的协调，实现城市有机更新与老城保护相结合、文化传承与文化创新相结合、对内服务与对外交流相结合。协调各级文化主体，整合空间、设施、人才等多方资源，保障公共文化空间与资源利用效率，提升公共文化服务品质。加强公共文化服务与文化产业的融合，加强文化创意产业与文化事业的协调，促进各类文化资源在产业与事业间有效流动、文化供给与文化消费有效对接。实施文艺精品创新工程与文化品牌战略，协调文化与旅游的管理体制机制改革。

合理兼顾经济功能建设。联系主体功能优化经济功能，聚焦服务保障和文化发展，发展现代服务业和文化创意产业，提升服务经济发展水平，形成高精尖经济结构。推动京津冀协同发展，提高产业联动发展水平，着眼在"一核两翼"中发挥辐射作用，提升文化创意产业，做强信息服务业，壮大金融服务业，增强经济辐射力。加强国家文化和科技融合发展示范基地、国家版权贸易基地、国家体育产业示范基地等功能性平台建设。

在绿色维度上，优化人居环境

牢固树立人与自然和谐相处的生态观。完善生态制度、维护生态安全、优化生态环境，以绿色低碳循环模式优化核心区人居环境，形成节约资源和保护环境的空间格局和发展方式。

加强绿化美化建设。构建绿色生态空间，落实"留白增绿"责任。充分利用疏解腾退后的土地资源，实施规划建绿、立体拓绿、拆违还绿、身边增绿和精细管绿工程，对大尺度公园绿地、道路绿地改造提升、小微绿地建设等重点项目落点落图。健全绿化美化工作机制，建立绿化美化的多元投入机制，完善绿化美化管理第三方监理机制，促进绿化美化工作的标准化、社会化、专业化、信息化。

增强污染防治能力。加强指标约束管理，合理控制能源消费、水资源消耗，确保这两项指标达到市级要求。量化考核责任主体的污染防控工作，确保精准治污责任落实。持续加大对扬尘污染、餐饮油烟污染的治理力度，加强对空气重污染的应对力度以及清洁能源的替代力度，通过面源污染治理、生态治理、入河排水污染防治、水资源调度和综合执法等措施，加强水污染源监管，加快污水收集管网建设。

推进资源循环利用。严格实行垃圾分类制度，建立垃圾回收处理责任制，鼓励社会力量进入垃圾回收处理领域，加大对资源再利用企业的扶持力度。建设海绵城市，通过治污、集雨、节水三大举措，加大水质监测分析和污水排放企业监管力度，推广透水式道路、下沉式绿地、植草式边沟，推动渗、蓄、排有序管理，实现水资源综合治理与统筹利用。

在开放维度上，提升国际竞争优势

抓住"一带一路"建设契机，以合作共赢为原则，提升核心区发展的国际化水平，打造国际交往新环境，建设展示国家首都形象的重要窗口，展现良好的对外开放形象。

提升发展的国际化水平。聚焦国际交往中心建设，把提升核心区国际化程度作为重大战略抉择，以更加开放的胸怀、视野、姿态，面向世界、走向世界、融入世界。以加快与国际接轨为尺度，全方位提高市民的国际交往素质与能力，打造"北京服务"品牌，增强国际交往服务保障能力。促进总部经济、跨国公司、国际机构、外国民间组织落户，吸引国际会议、国际会展、国际活动的举办，显著提升这些领域的国际排名，增强国际竞争力。

打造国际交往新环境。增设国事外交活动场所，对具有鲜明民族特色和京味文化符号的空间主体加以整合利用。加快推进具有国际交往承载能力的重点项目建设，完善国际化综合服务体系。加强国际社区建设，建立专业化、职业化、国际化的社区人才队伍，按照国际标准完善社区配套硬件设施，打造适合国际人才发展的"类海外"环境。

在共享维度上，促进社会和谐稳定

推进社会公平正义，为居民提供高水平的公共服务和民生保障。加强社会组织建设，实现发展人人参与、人人尽力、人人享有，增强人民群众的获得感和幸福感，促进社会和谐稳定。

提升公共服务水平。深化教育制度改革，均衡配置教育资源，增加儿童基础教育设施，加强基础教育师资队伍建设，充分发挥基础教育的引领示范作用。针对不同的养老需求，整合各种资源，建立覆盖各类老年群体的多元服务体系。将提升公共医疗卫生服务水平的重心放到基层，统筹市、区医疗卫生资源，为居民提供优质服务，引导居民合理使用各级各类医疗卫生资源。

加强民生保障工作。加强对低收入居民的精准帮扶，以民生兜底为原则建立健全长效帮扶机制，把切实提高收入水平与促进本地化就业、提升社会保障水平相衔接，综合运用财政补贴、税收优惠、费用减免、购买公益岗位等政策，实现救助资源的优化配置，为贫困家庭成员提供均等的受教育机会，消除参与发展的差距。

促进社会组织建设。强化各级社会组织的职能作用，完善社会组织指导服务中心工作机制，建立街道社会组织联合会和专业化社会组织合作机制，加强街道对社区工作的指导、扶持。坚持"政府主导、社会协同"的协同治理之路，形成具有核心区特色的社会组织融入城市治理新模式，引导人民群众积极参与核心区建设。

参考文献

仇保兴、邓羽，2018，《"减量发展"：首都开启高质量发展的新航标》，《北京日报》5 月 28 日。

杨开忠，2018，《减量发展是首都高质量发展的本质要求》，《北京日报》6 月 25 日。

魏杰、汪浩，2018，《高质量发展的六大特质》，《北京日报》7 月 23 日。

以高度责任感抓好首都意识形态工作[*]

尤国珍[**]

习近平总书记高度重视意识形态工作，指出意识形态工作是党的一项极端重要的工作，"能否做好意识形态工作，事关党的前途命运，事关国家长治久安，事关民族凝聚力和向心力"。北京是全国意识形态工作的前沿阵地，不断推动首都意识形态工作走向深入，是实现建设国际一流和谐宜居之都目标的应有之义。

深刻领会新时代意识形态工作的精神内涵

党的十八大以来，习近平总书记站在中国特色社会主义事业全局的高度，科学分析了当前意识形态领域面临的新挑战新问题，提出了一系列新思想新观点新论断，为做好全国和首都

[*] 原载《前线》2019 年 5 月 5 日。本文是北京市习近平新时代中国特色社会主义思想研究中心重大课题"习近平关于新时代首都建设的重要论述研究"（项目编号：18ZDL31）、北京市社会科学院重点课题"日常生活维度下的首都居民意识形态建设研究"（项目编号：2017A4685）阶段性成果。

[**] 尤国珍，北京市习近平新时代中国特色社会主义思想研究中心研究员，北京市社会科学院科学社会主义研究所研究员。

的意识形态工作提供了根本遵循。

强调意识形态工作的极端重要性。习近平总书记高度关注新时代社会主义意识形态的建设问题，并通过三个"立足"对其重要意义进行了阐释。立足于党的建设全局强调意识形态工作的极端重要性。习近平总书记认为：意识形态工作是党和国家工作的重要组成部分，"能否做好意识形态工作，事关党的前途命运"，必须全党动手一起来做。党在任何时候都不能放松意识形态建设，要将其作为党建工作的一项重要内容来关注。立足经济建设与意识形态的关系把握意识形态工作的地位。习近平总书记指出："只有物质文明建设和精神文明建设都搞好，国家物质力量和精神力量都增强，全国各族人民物质生活和精神生活都改善，中国特色社会主义事业才能顺利向前推进。"党的中心工作和意识形态建设都要认真去抓好，不能顾此失彼。立足党和人民群众的关系强调意识形态工作的重要性。习近平总书记提出要与人民群众建立良好关系，进一步巩固党执政的群众基础。民心是最大的政治，要把凝聚民心作为意识形态工作的出发点和落脚点，为党的中心工作服务，为维护最广大人民群众的根本利益服务。

指明新时代意识形态工作的性质和任务。在全面深化改革的攻坚期，围绕意识形态工作"是什么"的问题，习近平总书记指出意识形态工作本质上是政治工作。我们要建设的是"具有强大凝聚力和引领力的社会主义意识形态"，而不是别的什么意识形态，进一步强化了新时代意识形态工作的社会主义属性。围绕意识形态工作"干什么"的问题，习近平总书记提出"两个巩固"的根本任务。新时期的意识形态工作一定要把围绕中心、服务大局作为基本职责，找准工作切入点和着力点。巩固马克思主义在意识形态领域的指导地位，巩固全党全国各族人民团结奋斗的共同思想基础，是意识形态工作的根本任务。围绕意识形态工作"怎么干"的问题，强调关键在党。习近平总书记指出，做好意识形态工作，要坚持全党动手抓，各级党的组织都要旗帜鲜明地支持正确思想言论，抵制各种错误思潮。对大是大非问题、政治原则问题，必须以战斗的姿态敢抓敢管，不能做"骑墙派"和"看风派"。

注重意识形态工作方法的创新。习近平总书记指出："宣传思想工作创新，重点要抓好理念创新、手段创新、基层工作创新"，强调了创新意识在意识形态建设中的驱动作用。习近平总书记立足国内国外两个视野，不断开创新时期意识形态工作的新格局。面对国内意识形态工作，他提出要坚持团结稳定鼓劲，以正面宣传为主，注重创新传播方式，积极做好新时期意识形态工作；面对国外宣传的大视野，他提出要"讲述好中国故事，传播好中国声音"，要对外宣传中华文化，创新对外传播方式，转化对外传播话语，让中国声音传得更远。习近平总书记还特别重视网络意识形态工作，强调指出："互联网是当前宣传思想工作的主阵地。这个阵地我们不去占领，人家就会去占领；这部分人我们不去团结，人家就会去拉拢。"

以大局思维主导新闻舆论工作。习近平总书记从党的工作全局出发，把新闻舆论工作当作治国理政、定国安邦的大事来抓，强调"思想上高度重视、工作上精准有力"。对于奋战在新闻一线的工作者，习近平总书记提出，要增强政治家办报意识，在围绕中心、服务大局中解决好"为了谁、依靠谁、我是谁"这个根本问题。对于各级党委，习近平总书记强调要自觉承担起责任，做好新闻舆论宣传工作的领导工作。他提出："要树立大宣传的工作理念，动员各条战线各个部门一起来做。"只有如此，才能增强主动性、掌握主动权、打好主动仗，打赢新时代新闻舆论争夺战。

充分把握意识形态工作的时代要求

意识形态作为上层建筑的重要组成部分，在党的建设、国家发展中发挥着不可替代的作用，在全球治理中独具价值。北京是全国政治、文化、国际交往和科技创新中心，加强和改进意识形态工作是新时代首都发展的客观要求。

顺应新时代"执政党"角色转变的需要。新中国成立后，中国共产党在实践上完成了从局部执政到全国执政的转变。经过改革开放 40 多年发展，中国人民迎来了从站起来、富起来到强起来的伟大飞跃。这个历史时期，人们的利益需求更加复杂多样，价值追求更加丰富多元，客观要求党的意识形态工作必须不断提高开放性。面向新时代，执政党角色的转化必须以革命传统为根基，以现代化治理手段为依据，才能不断提高党的执政能力和领导水平。当前，只有将马克思主义中国化的最新成果——习近平新时代中国特色社会主义思想转化为最广大人民的价值观念，实现价值内化，并积极推动其外化于行动自觉，才能不断增强党的阶级基础和社会基础。

掌握网络时代话语权和领导权的需要。改革开放尤其是新世纪以来，互联网技术在推动中国特色社会主义事业发展过程中发挥着举足轻重的作用，但是网络意识形态因为具有非对称性和强大的渗透性，已经成为"思想文化信息的集散地和社会舆论的放大器"。据中国互联网络信息中心（CNNIC）统计，截至 2018 年 6 月，我国网民规模达 8.02 亿，互联网普及率为57.7%。北京互联网普及率和拥有网站数量长期排名全国第一，达到了大部分西方高普及率国家的水平。网民数量的不断增长使得网络空间成为不同意识形态较量的主要阵地。例如，现实生活中发生的许多突发性公共事件，经常通过论坛、贴吧、微博等网络舆论场发酵，很容易被敌对势力所利用，造成刻意引导下的舆论事件。因此，如何掌握新时代网络意识形态斗争的领导权、管理权和话语权，打好网络意识形态攻坚战，成为当前亟须解决的重要课题。

应对国内多种社会思潮的需要。改革开放以来，我国经济社会深刻变革，使得意识形态领域多元化趋势明显，尽管不同思潮的主张各异，但其背后的政治诉求殊途同归。它们有的肯定私有制，主张发挥市场的自发调节作用，反对政府对经济生活的干预；有的提出否定革命、"告别革命"的政治要求，认为革命只起破坏作用，没有历史进步意义；有的主张极端平民主义，反对精英主义，反对现行体制和制度。这实质上是放弃了马克思主义在意识形态领域的指导地位，否定中国的社会主义制度和改革开放的基本国策，企图把中国特色社会主义道路与西方资本主义道路并轨。国内多种思潮的存在一定程度上冲击了马克思主义在意识形态领域的主导地位，客观上要求加强新时代国家的意识形态工作，继续推进马克思主义的中国化、时代化、大众化，当前就是要用习近平新时代中国特色社会主义思想来分析中国问题、解决中国矛盾、探索中国道路。

抵御西方敌对势力渗透侵蚀的需要。东欧剧变之后，中国作为世界社会主义运动的中坚力量，成为西方敌对势力和平演变的重要目标。新时代的贸易摩擦在一定意义上反映了社会主义与资本主义两种意识形态的斗争。随着我国离民族复兴目标越近、离世界舞台中央越近，西方敌对势力势必会千方百计攻击抹黑中国道路、理论、制度和文化，加紧进行意识形态渗透，加大策动"颜色革命"力度。因此，加强和改进意识形态工作，是更好地实现新时代国家发展战略目标和为首都"四个中心"功能建设营造良好环境的迫切要求。

扎实推进首都意识形态建设的各项工作

党的十八大以来，习近平总书记依据党情、国情和世情的新变化，形成了一系列关于意识形态工作的重要论述，为新时代首都着力加强"四个中心"功能建设指明了方向。

任何时候都不能放松首都意识形态工作。市委书记蔡奇指出："意识形态工作是党的一项极端重要的工作。要抓住根本，坚持不懈用习近平新时代中国特色社会主义思想武装头脑，筑牢团结奋斗的共同思想基础，不断增强干部群众坚定'四个自信'的底气。"意识形态建设是党的建设的一项重要内容，对国家的发展和稳定具有十分重要的作用。当前国际形势严峻，国内各种思潮涌现，都对我国的意识形态工作提出了更大挑战，也要求我们要高度重视意识形态建设。北京是全国的政治中心、文化中心、国际交往中心、科技创新中心，始终站在意识形态交流、交融、交锋的第一线。首都的意识形态建设承担着国家文化价值导向的职责，是国家和民族文化价值、文化精神的承载中心和传播中心，理应建成价值导向之都。因此，北京的意识形态工作，不仅是全国意识形态工作的重要组成部分，而且对其他省市区具有重要的示范引领意义。

始终把首都意识形态工作与党和国家事业发展大局紧密结合。意识形态建设并不是一项单向的、独立的工作，而是与我们党和国家的整体事业发展有着密切联系。党的意识形态工作的历史经验告诉我们，意识形态工作要为党的中心工作服务，积极发挥对我国经济社会发展的精神激励和价值指导作用，才能稳定国家发展大局。北京拥有"四个中心"的战略定位，是拥有丰厚历史文化传承的世界著名古都，具有独具魅力的人文氛围。随着打造京津冀"现代化新型的首都圈"的进程不断推进，北京作为我国政治中心的地位更加凸显，作为首善之区，北京理应以更高标准和更大力度来发挥首都在区域和全国发展中的核心、引领和带动作用。

与时俱进推进首都意识形态工作创新发展。任何理论要保持生命力，都离不开创新发展，只有不断结合新的形势和发展要求，才能更好地发挥理论对实践的指导作用。党的十八大以来，我国经济发展进入"新常态"。国内经济成分、组织形式、就业方式、思想观念、价值取向日趋多元，国外面临的形势也空前复杂。习近平总书记立足我国改革发展实际、着眼中华民族伟大复兴、致力于人类文明发展进步，在继承的基础上不断推动党的思想理论创新和意识形态工作创新，要求牢牢把握意识形态工作的主导权。当前，首都正处于疏解非首都功能、治理"大城市病"的关键期，也是意识形态问题易出的多发期。因此，首都建设必须特别重视意识形态工作，制定符合自身特点的意识形态工作体系，认真排查研判主要风险点、提早制定战略思路以谋划应对。

充分发挥思想政治教育在推进首都意识形态工作中的有效作用。党的意识形态建设的历史经验告诉我们，无论处在什么样的历史时期，都要依托思想政治教育等有效形式，积极探索意识形态工作开展的有效路径。要以干部轮训、党员培训等为抓手，以各级领导干部为重点，大力推进习近平新时代中国特色社会主义思想最新成果进教材、进课堂、进头脑。要充分利用好新闻媒体来进行意识形态宣传与教育。当前，北京尤其要加强主流网络媒体建设管理，通过加大资金投入、加强政策扶植，对首都主要新闻网站进行重点支持，形成一批信誉良好、管理规范的主流网络媒体。要建立一支强大的思想政治教育队伍作为工作支撑。北京要充分发挥人才智力集中的优势，大力推进马克思主义中国化、时代化和大众化，培养和造就一批具有深厚马克思主义造诣、能够紧跟世界潮流、创新发展马克思主义的理论大家和一支宏大的理论队伍，为我国新时代意识形态工作的顺利开展提供人才支撑。

原来你是这样的故宫[*]

郭万超　程慧波[**]

让优秀传统文化活起来，使之获得新的生命力，既是当代中国文化发展的历史使命，也是需要不断深入探索的一个基本文化命题。2016 年 5 月，国务院办公厅转发《关于推动文化文物单位文化创意产品开发的若干意见》（以下简称"《意见》"）。各地积极贯彻落实《意见》各项重点任务，稳步推进文化文物单位文化创意产品开发工作。故宫博物院主动与现代生活相融合，在文创内容、形式、渠道等方面大胆创新，取得了非常好的效果。特别是 2018 年以来，故宫文创进一步发酵，成为文创产业圈的大热门。

洞悉文化市场的独特规律：让文化价值赋能倍增

文创产业以文化艺术为核心要素，但不完全等同于文化艺

* 原载《前线》2019 年 6 月 5 日。本文是北京市习近平新时代中国特色社会主义思想研究中心项目、北京市社会科学基金项目"习近平关于新时代首都建设的重要论述研究"（项目编号：18ZDL31）阶段性成果。
** 郭万超，北京市社会科学院传媒研究所所长，北京市文化创意产业研究中心主任、研究员；程慧波，河北廊坊师范学院讲师。

术，而是有自己独特的发展规律。文化价值要转化为市场价值，首先必须适应市场需求，必须遵循市场经济的基本法则。要深刻认识文化市场需求所具有的独特性，如果没有市场需求支撑，水准再高的文化艺术也难成产业。它不像衣食住行是刚性需求，而是更多依赖于人们的主观体验感受，消费者如果喜欢了就不怕花钱，如果不喜欢则分文也不花。这种主观体验常常取决于人们的审美水平以及对文化产品背后的意象、符号的解码能力。这种水平和能力并非立刻就能提高，而是一个渐进的发育过程。为了提供符合文化市场需求的文化产品和服务，应本着文化的在地性特性，坚持本土化原则。文化产品并非越高大上越好，要适应国家、民族、经济社会发展水平等因素，既不能超前，也不能滞后。

故宫文创衍生品开发完全符合文创产业的市场规律。故宫文创迎合满足了巨大的文化市场需求。按照国际经验，当一个国家人均国内生产总值超过 5000 美元时，居民消费将进入精神文化需求的旺盛时期。2011 年，我国人均 GDP 超过 5432 美元，文化消费将成为经济发展和收入提高的历史趋势和必然选择。2018 年中国人均 GDP 接近 1 万美元，有望成为世界最大的文化消费市场。同年，北京人均 GDP 超过 2 万美元，进入发达国家城市行列，文化消费需求激增。故宫通过创意将中国古典艺术品融入到现代柴米油盐酱醋茶中，进入寻常百姓家，创造了多样化的可供选择的产品市场，价格也比早期的复制品便宜、大众买得起。故宫文创给大众创造了明显差异化的文化（品位）体验。文创产品的独特吸引力来自于文化艺术体验带来的愉悦感，故宫超级 IP 是独一无二的，隐藏了巨量的粉丝。但文化价值的认同并非仅仅是对故宫作为中华传统文化历史价值的认可，以及作为中国传统文化符号的象征性意义。在当下泛娱乐时代，必须通过创意把传统文化艺术与现代生活紧密融合、进行当代转化，创造有趣有用的文化产品，才能使沉睡的珍贵文化资源活起来，从而形成与当代中国文化价值相协调的时代适应性，在当代生活中焕发强大的生命力。

借力文化科技融合：无限放大超级 IP 效应

故宫文创盈利超过了许多大型上市公司，那么什么样的文创企业才能够做大？实际上，文创行业 80% 左右都是中小微企业。这些创业者大多基于情怀和兴趣，选择一种生活方式，其所从事领域如手作类、非遗类、小众演出等不具有规模经济效应，肯定无法做大。文创产业之所以被各国鼓励和热捧，并非因其能做成大企业，而是因为它具有资源节约和环境友好等特点，依赖人的创意、技能等要素。它还具有很好的社会效益，可以提升城市品质与文化环境，对市民素质的提升也有良好的作用，比如音乐、美术、手工等艺术行业，促使人追求真善美。在文创领域，成长最快的是文化科技融合类企业，如平台型的亚马逊、腾讯、Facebook 等，其次是资本密集类（现在也越来越离不开新技术）的旅游、影视、主题公园等，如好莱坞、迪士尼、国旅集团。

科技对文创产业的巨大推动力主要体现在其形成的规模经济效应方面。离开电商，仅靠传统的实体店，故宫不可能有如此大的销售规模，也不可能有如此高的经济收益。当然，运用新技术产生的新媒体形态强大的传播力，及其对文化 IP 无限的放大效应，是故宫文创成功的另一重要因素。新媒体的成功运营使故宫 IP 真正活起来。2014 年 8 月 1 日，"故宫淘宝"微信公众号一篇叫作《雍正：感觉自己萌萌哒》的文章用动态图的形式，展现了"一个自信坦然，还带着一点幽默"的雍正。这在微信朋友圈迅速刷屏，从此让故宫"萌萌哒"的形象深入人心，起到非常好的带货效果。目前，"故宫淘宝"的文章点击率已经是篇篇 10 万＋，经常是一开始饶有兴致地科普故宫文化，然后不经意间卖起货来。比如，2018 年中秋节的《宋徽宗——古代帝王审美的巅峰》，当你正沉浸于宋徽宗的审美时，"如同宋徽宗的文艺一般清淡却又丰富"的故宫月饼来了……

在继承发扬传统文化所承载的历史内涵和文化担当基础上，综合运用新媒体和商业化手段进行全方位的培育和运营。故宫 IP 的成长历程，经历了从文化形象的塑造到创意衍生品的打造，从实体产品的创作到影游文化内容的发掘，从线上营销到线上线下体验购买，以及从行业内到行业之间的跨界融合，不断探索和敢于利用多样化、综合性的手段，对故宫文化进行全方位的宣传和多角度的渗透。推出具有教育娱乐功能的 APP，开放数字馆，建立微信公众号"故宫淘宝"，以及广受好评的影视剧作品等，无不是故宫具有鲜活时代性 IP 品牌形象的筑基。虽然不乏过度商业化的批评，但是馆藏优秀传统文化资源的活化，不应该惧怕商业化，而应该善用多样化的商业手段，将文物背后的艺术价值、人文情怀和时代精神，广植在社会公众心中。

北京需要充分借助新技术、新媒体把传统的文化 IP、潜在的文化 IP 转换成现代文化产业真正的超级 IP。文创产业是注意力经济，需要最大限度地吸引用户或消费者的注意力，进而培养潜在的消费群体，以期获得最大未来收益。IP 化是文创产业发展的大趋势，但文化 IP 跟普通的知识产权不一样，它拥有巨量的粉丝，还要经得起市场检验、具备商业价值。当下许多爆款的文化产品往往都是如此：经过网上发酵、吸引粉丝、口口相传，具备了自身的价值观，最后形成文化超级 IP。

坚持创意为王：文创产业制胜的法宝

所谓文创，既需要文化底蕴做根基，又需要现代的思维、独特的创意。尤其是结合商业用途的实用创意，才可能将文创发展为产品，而不仅仅是一种艺术创作。创意的另一种说法叫作"再设计"或者"旧的元素新的组合"，应该在借鉴古代艺术品基础上，通过现代手法重新设计，才可能是好的创意产品。在故宫文创之前，文创产品两极分化严重，高端产品非常小众，价格昂贵；低端产品价格低廉、不要求质量，激不起购买欲望。

故宫今天的成功关键在于注重文化的提炼、重构和再造。寻求文化价值的认同，是故宫文化在现代生活中被接受和广泛传播的重要前提。如何将故宫文化中独特的艺术价值、艺术审美和艺术元素，通过创意性的手段和产业化的方式，与现代生活消费有效结合起来，创作出兼具艺术特色和实用价值的文创产品，是故宫文化由价值和情感认同层面，走进大众日常消费和生活层面的关键。故宫文创的核心是大众最熟悉的皇家文化符号，与之有关的衍生品数量众多。这些衍生产品的背后首先是有一个强大的研发设计团队。故宫采用了多行业多品牌的跨界合作战略，通过自营、合作经营和品牌授权的方式，将故宫文化元素进行多样化的产品转化，创造出多种简单实用且富含文化趣味的文创产品，不断强化其品牌价值。这些文创产品多数与馆藏文物的历史渊源、文化寓意以及背后的故事相互关联。如以《我在故宫修文物》、《国家宝藏》和《如果国宝会说话》为代表的影视综艺，以一些品牌矿泉水为代表的饮食类，以口红为代表的时尚美妆类，甚至涉及手机、银行和社交网站等领域的品牌厂商。这种跨界组合，既是品牌厂商看重故宫文创深厚的文化底蕴带来的文化附加值，也为故宫文创寻得了更加现代化的表达方式，创造了良好的当代生活语境，从而覆盖更多样化的用户群体。

在文创产品的开发上，北京故宫也借鉴了台北故宫的经验。台北故宫的文创产品开发时间非常早，特别是 2000 年之后，台北故宫开始向全球征集创意。2013 年，台北故宫博物院推出的"朕知道了"纸胶带，就是创意设计海选比赛中两个学生的方案，当时一经推出即风靡海峡两岸，原价 42 元一盒的纸胶带被炒到了 98 元一盒，并一度断货。

从提升创意水平角度看，笔者对北京市发展文创产业提出以下建议。其一，让文物藏品走近大众和融入生活。这并非简单地与日常生活用品的拼接、硬性植入，而要找到自身独特的艺术元素，进行提炼、再设计和新的组合，形成具有独特艺术审美的文创产品。其二，将庄严肃穆的传统文化趣味化和创意娱乐化。要将其以极具鲜活生命力的方式表现出来，寻求与当代大众消费文化，尤其是年轻一代追求个性化、符号化的消费价值观念的共鸣。要使颐和园、天坛、长城不再只是文化象征和旅游景点，而是极具现代文化活力和独特魅力的关注热点。其三，文创产品必须依靠专业设计团队和艺术家，特别是年轻人的大量参与。

参考文献

王岩，2018，《故宫 2018 年观众破 1700 万人次 80 后 90 后为主力军》，《北京青年报》1 月 17 日。

高质量发展的减量疏解与增量承接[*]

陆小成[**]

中国特色社会主义进入新时代，推动高质量发展，既是保持经济持续健康发展的必然要求，也是适应我国社会主要矛盾变化和全面建成小康社会、全面建设社会主义现代化国家的必然要求，更是遵循经济规律发展、确定发展思路、制定经济政策、实施宏观调控的必然要求。高质量发展意味着要转变传统高能耗、高污染、高排放的粗放型经济增长模式，选择低能耗、低污染、低排放的集约型发展模式，更加体现为经济与生态、社会、文化、政治五位一体的质量型、效益型发展模式。从集聚资源求增长，到疏解功能谋发展，推进减量发展是当前北京城市转型发展的关键举措，也是实现高质量发展的战略选择。在新的发展阶段，北京正处于压力叠加、负重前行、深刻转型的关键期，构建以首都为核心的世界级城市群，落实首都城市战略定位，加快疏解非首都功能，北京要做好减量发展的大文章。与此同时，北京如何在破解特大城市病、推进减量发展的同时实现高质量发展，是值得深入研究的重要课题。

---

[*] 原载《前线》2019 年 8 月 5 日。

[**] 陆小成，北京市习近平新时代中国特色社会主义思想研究中心研究员。

优化空间布局，处理好减量与增量的辩证关系

《中共中央国务院对〈北京城市副中心控制性详细规划（街区层面）（2016 年—2035 年）〉的批复》中明确指出，要坚持高质量发展，处理好和中心城区的关系，带动中心城区功能和人口向城市副中心疏解，加强对中心城区首都功能的服务保障。北京将通过规模精简、功能减负和空间紧缩精准减量，形成"规模约束、功能优化、空间提升"三位一体的高质量发展模式。通过前期的疏解整治促提升，完成了首都减量发展的第一阶段任务，首都人居环境得到提升，市民获得感得到增强，局部区域的"城市病"症状得到改善。但也存在许多顽疾，如部分批发市场或产业搬迁后，人口并未随之外迁；因消费市场不够和人气不旺，疏解到外地的市场不断萎缩甚至濒临死亡。整体人口在中心城区过度集聚、交通拥堵等现状并没有真正改观，压力依然较大。

处理好疏解与提升的关系。"疏解整治促提升"专项行动不仅是京津冀协同发展战略的进一步延伸，而且体现了北京城市发展战略由聚集资源求增长到疏解功能谋发展的转变，更为重要的是在战略价值取向上发生的重大转变。首都减量发展应该是量上减、质上增，发展具有首都特点的经济是从中央到北京多年形成的共识。减量发展的目的是通过"瘦身健体"促进更高质量发展。通过高质量发展更好地落实首都城市战略定位，聚焦"四个中心"功能建设和"四个服务"能力提升，这是首都发展的核心要义，也是减量发展的基本出发点。围绕和服务首都功能这一目标，需要大力发展高精尖、高质量的首都经济，要在质量、创新、服务上做文章。

处理好都与城的关系。首都功能核心区包括东城区和西城区，是首都"四个服务"职能的主要承载区；是元明清三朝都城遗址主体所在地、历史文化遗产分布的核心地、古都历史文化风貌的集中展示区；是文化旅游和公共文化服务的集中分布区。该区域是北京区域内开发强度最高的完全城市化地区，要保护区域内的禁止开发区域，需要限制与核心区不匹配的相关功能发展。不同的区域承担首都服务功能的作用有差别、职责有差异，应采取不同的减量政策措施。如首都功能核心区作为中央机关所在地，服务好中央是其神圣职责与核心要义。作为全国优质资源集聚的高地，核心区有天然的经济发展优势，如任其发展显然会影响服务功能。为保障首都服务功能，不能再强化而应弱化其经济功能。远郊区远离核心区，应实行增量发展，可以承担首都经济发展的重任，进而更好地支持首都功能核心区发展。

处理好舍与得的关系。首都功能核心区作为减量发展的重点区域，应该是产业减、服务增。要强化其首都服务功能，减少产业和机构，降低企业集聚度，进而带动人口疏解。通过财政转移支付、合作发展等方式全力做好服务保障功能，为服务中央腾出空间。远郊区应该是产业增、服务增。将存量定向调整到新城，形成新动能、新引擎，让周边区域富起来。细化减量政策，将核心区需外迁的企业、机构等存量资源与北京新总规①提出的"多点"新城进行对接，使新城作为集中承接的目标区域，为其他周边区域发展增加资源和力量，有利于实现均衡发展。

处理好服务与发展的关系，主动降低 GDP 总量和增速，停

---

① 即《北京城市总体规划（2016 年—2035 年）》，下同。

止注册或引进新企业新机构，避免新增人口抵消疏解成效，即使是高精尖产业也应控制总量。核心区除了服务中央必须发展的生活性服务业之外，其他与服务中央功能不太直接关联的企业和机构应禁止进入，即使是高精尖产业也应限制进入。必须注册的新机构应与注销旧机构进行人口数量的增减挂钩。引导鼓励新企业新机构等资源到远郊区发展，让庞大的人力资本和创新动能在作为北京创新创业、高质量发展新空间的远郊区释放。

核心区：以减量疏解高质量做好服务保障

核心区是减量发展的重点区域，应以构建优良政务环境为第一职责。解决了核心区的问题，就能更好地服务好中央，确保政务安全，真正有效解决特大城市病问题。

降低就业密度，实现减量增质。首都功能核心区、长安街沿线是服务保障中央政务功能、保护古都文化的核心区域，但也是许多大型金融机构、服务企业、优质教育医疗资源等的集聚地，过多过密的写字楼和办公大厦集聚了太多的企业和就业人口。北京经济功能主要集聚在中心城区，吸纳了全市 60% 以上的就业人口，客观上影响着首都服务保障功能的发挥。

优化空间布局，实现有减有增。做好减法、严控增量、调整存量，将更多资源、就业机会等增量引导到新区，打破核心区"抽水机"悖论，实现空间均衡协调发展。扩大"留白增绿"空间，腾退空间仅用于绿地公园建设、中央部委行政办公用房、基本公共服务或公共文化基础设施建设，不再用于产业或企业发展。即使暂时闲置，也不应新增企业，可留待交通承载力提升后再考虑。核心区发展应明确核心区各写字楼的疏解规模和租赁总量，减少招工和落户指标，严控建筑密度，真正使核心区"减下来""静下来"。依托故宫、北海、景山等公园，打造首都中央公园区，为中央政务区做好服务保障，更好地发挥首都功能。

提升服务质量，实现增减互动。古都风貌保护与城市现代化建设、危旧房改造之间存在着突出矛盾，多种功能高度集聚，造成严重的"城市病"，包括交通拥堵、住房紧张、生活服务设施缺乏、城市人居环境质量较差等。北京减量发展要注重公共服务质量提升，核心区要在做好产业减量、服务提升的同时，从资源、产业、服务等方面帮扶新区发展，使核心区减量疏解与新区增量承接形成良性互动。

发展新区：以增量承接高质量做强首都经济

远郊区有广阔的发展空间，可以借助北京丰富的科技创新优势，大力发展高精尖产业，打造京津冀协同发展的桥头堡和疏解非首都功能的过渡带。发展新区是承接非首都功能疏解、做强首都经济、推进京津冀协同发展的前沿阵地，做好增量承接，能有效避免高层次、高科技人才流失，避免城市衰退，因此需要适度增量发展。

采取"飞地"模式，拓展发展空间。借鉴深汕特别合作区的"飞地"模式，制定优惠政策，吸引企事业单位疏解到新区，增强疏解动力。这既能提升首都功能，也能发展首都经济。核心区采取"飞地"模式与远郊区如通州、大兴、房山的某些乡镇开展合作，划定一定区域或乡镇由东城区或西城区代管，探索税收五五分成，提高核心区推动产业转移的动力，进行一对

一、点对点的帮扶发展与合作共赢。发展新区要出台承接核心区企业疏解的定向奖励、税收优惠、租金减免等政策，吸引核心区企业到远郊区发展，确保企业有明确地方疏解，疏解企业有发展空间，形成疏解企业的良好预期。

破解三大难题，提升疏解动力。中心城区特别是核心区集聚功能和资源太多，与发展新区、河北、天津在公共服务、就业机会、发展空间等方面差距太大，导致疏解非首都功能存在较大压力。从现实情况看，人才等各类要素不仅不愿疏解到河北、天津，即使是北京新区或其他远郊区也缺乏相应吸引力。需从弥补交通、教育、医疗三大公共服务短板、降低区域发展差距上提升疏解动力，夯实疏解成效，提升承接区服务水平和发展质量。

搞好生态建设，培育创新高地。当前，北京打好环境污染防治攻坚战，加强生态文明建设的压力依然较大。绿色经济发展要求企业提高生产的同时，注重生态环境的保护，本质上在于提高企业的绿色全要素生产率水平。实现北京高质量发展，要以减量发展为契机，继续搞好生态文明建设，更加重视绿色经济发展，聚焦机动车、扬尘、挥发性有机物三大污染源，突出抓好柴油货车污染防治，提升生态环境保护建设水平，统筹"山、水、林、田、湖、草"系统治理，切实增加生态环境容量。避免中心城区"摊大饼"弊端，要严格落实北京新总规，按照"双控三线"要求，加强发展新区生态文明建设，抓好绿隔建设，构建没有城市病的发展新区。要大尺度增加城市绿色空间，继续做好"留白增绿"这篇小文章，形成首都创举和北京模式。要进一步强化新一轮百万亩造林绿化工程，加大违建拆除、造林绿化和生态修复力度。

参考文献

仇保兴、邓羽，2018，《"减量发展"：首都开启高质量发展的新航标》，《北京日报》5 月 28 日。

李爱民，2018，《促进城市群空间优化与城市文明提升的策略思考》，《传播力研究》第 2 期。

李浩民，2019，《新时代高质量发展框架再探讨：理论内涵、制度保障与实践路径》，《现代管理科学》第 2 期。

牢记初心使命　推进首都治理[*]

杨　奎^{**}

2019 年 6 月 24 日，习近平总书记在中央政治局第十五次集体学习时强调，中国特色社会主义进入新时代，我们比历史上任何时期都更接近、更有信心和能力实现中华民族伟大复兴。我们千万不能在一片喝彩声、赞扬声中丧失革命精神和斗志，逐渐陷入安于现状、不思进取、贪图享乐的状态，而是要牢记船到中流浪更急、人到半山路更陡，把不忘初心、牢记使命作为加强党的建设的永恒课题，作为全体党员、干部的终身课题。经过多年的努力建设，首都经济社会发展日新月异，取得了世人瞩目的辉煌成就。但北京面临的人口膨胀、交通拥堵、环境污染等许多令人揪心的治理难题也亟待解决。为此，习近平总书记多次到北京开展调查研究，对首都工作作出了一系列重要指示，深刻解答了"建设一个什么样的首都、怎样建设首都"

<hr>

*　原载《前线》2019 年 9 月 5 日。本文是北京市习近平中国特色社会主义思想研究中心重大课题"习近平关于首都建设的重要论述研究"（项目编号：18ZDL31）阶段性成果。

**　杨奎，北京市社会科学院副院长、研究员，全国党建研究会特邀研究员，中国马克思主义哲学史学会常务理事、副秘书长，中国马克思恩格斯研究会常务理事，入选北京市社科理论人才"百人工程"。

这一重大时代课题，为推进首都治理体系和治理能力现代化、谱写新时代首都高质量发展新篇章提供了根本遵循。

以实现中华民族伟大复兴为使命

为中国人民谋幸福，为中华民族谋复兴，是中国共产党人的初心和使命。没有党中央的正确领导，就没有首都的稳定发展；没有中国特色社会主义的制度保障，就没有首都的改革开放；没有中华民族伟大复兴的召唤，就没有首都治理美好蓝图的精彩绘就。

100 年前的 5 月 4 日①，面对"巴黎和会"帝国主义列强强行把德国在中国山东的特权全部转让给日本，并逼迫北洋政府签字的强盗行径，北京的爱国青年高呼"外争主权、内除国贼""废除二十一条""还我青岛"等口号，号召全国各界团结起来，要求政府拒绝在《凡尔赛条约》上签字，并以磅礴之力鼓舞了中国人民和中华民族实现民族复兴的志向和信心。170 多年中国近代史、98 年中国共产党诞生、发展、壮大的历史和 70 年新中国建设的历史都充分证明：首都北京的命运始终与中华民族伟大复兴的命运紧密相连。中华民族伟大的复兴梦离不开首都繁荣发展梦想的实现，首都繁荣发展的梦想蕴含于中华民族伟大复兴梦之中。以习近平同志为核心的党中央始终心系首都建设和发展，从治国理政的战略新高度，以全新的战略定位为首都发展谋篇布局，明确了北京"四个中心"功能定位和"四个服务"职责要求，提出了把北京建设成为国际一流的和谐宜居之都的战略目标。这一战略目标的定位，彰显了实现国

① 即 1919 年 5 月 4 日。

家富强、民族振兴、人民幸福的丰富内涵，彰显了首都繁荣发展始终与中华民族同呼吸、共命运的历史逻辑。

首都建设梦就是国家建设梦，首都繁荣梦就是民族复兴梦，首都治理梦就是人民幸福梦。北京制定的新一版城市总体规划，规划期到 2035 年，远期展望到 2050 年，这与实现"两个一百年"奋斗目标的历史进程相衔接、共始终。作为全国的政治中心、文化中心、科技创新中心和国际交往中心，首都北京担当着实现民族伟大复兴的"首都使命"。首都安全稳定、繁荣发展关系着国家安全稳定与民族复兴。首都特殊的地位决定了只有首都稳，才能全国稳；只有首都发展好了，才能全国好；只要首都建设走在时代前列，中国就越接近实现民族伟大复兴的中国梦。因此，推进首都治理的科学化、现代化，必然要求我们从实现中华民族伟大复兴的战略高度去推进北京建设与发展，在实现首都治理现代化实践中牢记初心使命，切实发挥排头兵和领头羊的作用，发挥首善之区的示范引领作用。

北京作为首都，与党和国家的使命紧密联系在一起，要努力走在全国前列，以"无我""赶考"状态，更好地履行首都职责。北京从大国首都转向强国首都，牢记初心使命就是要与党和国家的复兴使命紧紧关联，从维护国家利益、展示国家形象、传播中华文化的战略高度，努力提升首都治理水平，努力形成优良政务和人居环境，更好地适应我国日益走近世界舞台中央的新需要，更好地展示迈向强国首都的国家形象。推进首都治理工作，要从党和国家的历史使命出发谋篇布局，深刻把握北京千年古都的文化脉络，深刻把握首都人民群众追求美好生活的需求，以首善标准履行好新时代首都治理职责。面对首都发展的新形势新任务，主动担当作为、善做善成，切实处理好"都"与"城"的关系，紧紧围绕实现"都"的功能来谋划

"城"的发展，以"城"的更高水平发展服务保障"都"的功能，以首善标准统筹做好首都改革发展稳定和首都治理各项工作。

以满足人民美好生活为出发点和立足点

北京坚持人民城市为人民的治理理念，坚决落实习近平总书记视察北京工作的重要指示精神，创造性地提出紧扣"七有""五性"，扎实办好重要民生实事的工作总基调。联系北京实际，牢记初心使命，就是始终坚持以人民为中心，围绕"七有"要求和"五性"特点解决市民群众身边的事，以服务群众的实际成效践行共产党人的初心，着力解决群众最忧最盼最急的问题。以人民需要、人民问题、人民难处为工作出发点，在了解民情、掌握实情、洞察民意中检视问题、分析原因，查找差距，深入群众知民意、精准对接解民忧，在服务群众中践行初心使命，提升人民群众的获得感、幸福感、安全感。

民之所望，施政所向。牢记初心使命，就是要求在首都治理中自觉践行党的宗旨，转变政府职能，优化服务机制，提升服务水平。北京践行"民有所呼、我有所应"，以"街乡吹哨、部门报到"改革为抓手，建立党组织和在职党员"双报到"制度，打通为民服务"最后一公里"，以"下沉、赋权、增效"为抓手，推动治理力量和资源下沉，实现了基层权力给基层、基层事情基层办、基层事情有人办。不断强化以减量发展提升城市品质，提升为民服务品质，始终将保障和改善民生作为首都治理的重要内容，加强疏解整治促提升，拆除违法建筑，将更多的空间用于增加便民设施，大幅提升了城市治理质量。

城市规划建设做得好不好，最终要用人民群众满意度来衡量。北京坚持以人民满意为标准，抓好 12345 热线接诉即办，快速响应，不断提高诉求解决率和市民满意率，着力解决群众身边的操心事、烦心事、揪心事。大兴区将"接诉即办"工作纳入区委党建领导小组联席会和区政府重点工作联席会，坚持民有所呼、我有所应，对于群众反映的问题，做到"闻风而动、接诉即办"，实现小事不出社区村、大事不出镇街、难题部门能报到，增强了人民群众的满意度。北京地铁公司健全快速响应机制，实现 12345 市民服务热线派单 24 小时内签收、3 个工作日回复、7 个自然日办结，不断提升工作的响应率、解决率和满意率。

北京坚持以人民需求为导向、以人民满意为标准，以构建人民和谐宜居的美好生活为目标，积极践行"绿水青山就是金山银山"的发展理念，创造性地提出了"留白增绿"，提升城市环境承载力，探索出诸如城市森林、填空造林、见缝插绿、战略留白等一系列首都城市治理的新方法新举措。通过坚持"大尺度绿化"，推进环境整治和绿化建设，以"留白增绿"扩大生态空间，用更多的空间恢复生态，推进五级河长制，加强治理污染河道，为人民群众提供更多更优质的生态产品。通过战略留白，实施疏解整治促提升行动，为首都的未来发展拓展空间；从便捷、宜居、和谐出发，构建起共建共治共享的治理新格局。

以推进治理体系和治理能力现代化为目标要求

推进国家治理体系和治理能力现代化，就是要运用国家治理的最新理论和现代治理的科学制度、法治手段、技术工具，不断提高科学执政、民主执政、依法执政的能力与水平，实现党、国家、社会各项事务治理制度化、规范化、人本化。北京作为国家首都，作为首善之区，其治理能力和治理水平代表着国家治理水平，代表着国家治理文明程度，代表着治理能力现代化的国家形象。因此，在新的历史起点上，首都推进超大型城市治理和现代城市建设与发展，必须以实现国家治理体系和治理能力现代化为基本要求，从传统管理转向现代治理，从城市管制转向公共治理和公共服务，从城市发展转向首都发展，不断提升首都城市治理能力和水平。

北京实现超大城市治理体系和治理能力现代化，要深刻把握首都发展的根本要义，不断强化"四个中心"建设，提升"四个服务"水平，加快推进首都治理转型。党中央提出的"四个服务"，即中央政务服务、国际交往服务、科教文化服务、市民生活服务四个方面，区别于其他一般城市服务功能。基于此，北京要牢牢扭住疏解非首都功能这个"牛鼻子"，创造性地探索建设全国首个"减量发展"城市，从粗放扩张型增长转向集约减量型发展，从依赖资源聚集增长转向疏解功能的减量优质发展，以城市功能"量"的减法，形成发展势能"质"的提升，实现更高水平、更高质量、更高要求的首都创新发展。

加快推进首都城市转型与治理改革创新，需要转变传统的管理模式，树立现代化治理理念，通过减量发展、腾笼换鸟、现代治理，创新治理机制和模式，推动首都高质量发展。以首善标准提升首都治理能力，需要北京坚持以习近平新时代中国特色社会主义思想为指引，更加深入地宣传和培育精治共治法治思维，更加擅于运用现代治理理论以及大数据、互联网等现代理念和科技手段，更加广泛地动员市民参与到首都治理中来，更加全面地弘扬首善精神、严格首善标准，在推进首都治理现代化实践中，形成"首都经验"，打造"北京模式"。

以加强党的政治建设为根本保障

党的政治建设是一个永恒课题，来不得半点松懈。首都北京担负着社会主义国家首都发展与治理的崇高使命，必须要把党的政治建设摆在首位，以党的政治建设统领首都治理各项工作。

严格按照"看北京首先要从政治上看"的总体要求，以首善标准扎实推进首都治理。坚持党的政治建设引领首都治理，需要不断坚定政治立场，提高政治站位，坚决做到"两个维护"。围绕首都城市战略定位，坚持问题导向，正视首都发展的短板和弱项，创新首都治理理念、方式和方法，将党建引领贯穿到首都治理现代化的全过程。一方面，要深入北京看，不仅要看长街、环路，还要深入胡同、背街小巷、大杂院、城乡接合部，了解群众困难、掌握群众诉求、改善民生福祉。另一方面，要跳出北京看，从国家发展战略、京津冀协同发展、支持河北雄安新区建设等跨区域的大空间尺度，强化解决自身和区域发展不平衡不充分方面的矛盾，以最先进理念、最高标准、最好质量推进首都治理。

首都治理工作的主体是党员领导干部，依靠的主要力量是广大首都市民，党员干部的形象代表着党和政府的形象，党员干部的作风是首都市民评价党风政风的晴雨表。坚持以党的政治建设为统领，切实转变工作作风是推进首都治理走向深入的重要切入点。要认真按照"守初心、担使命，找差距、抓落实"的总要求，不断增强党员干部服务意识和创新意识，培养忠诚干净担当的政治品格，亲民爱民、为民排忧解难，做好人民群众的思想政治工作。朝阳区三里屯曾是一条开墙打洞、占道经营、随意排污的著名"脏街"，朝阳区委和街道组织党员干部深入一线、包干社区、记录民情，先后 7 次召开居民议事会，3 次修改整治改造方案，最终恢复了街道整洁原貌。

以党建引领首都治理，需要持续加强党员干部的理想信念教育，不断增强为民服务、为民办实事的责任担当。一是采取大数据、网格化等现代技术手段提升精细化治理能力，像绣花一样精细化管理城市，推动城市管理向街巷胡同延伸。当前，北京创新网格化精细化管理模式，覆盖了全市 16 个区、299 个街道（乡镇）、6045 个社区（村）、567 万个城市部件，形成了"一热线、三平台、四管理、一检查"的工作格局，提升了首都精细化治理水平，成为首都精细化治理的"好帮手"。二是提升城市共建共治共享水平。昌平区在推进"回天有我"社会服务活动中，动员社会力量参与，探索大型社区共建共治共享新模式。石景山建立了"老街坊"议事厅，成立议事会和楼委会，鼓励居民参与社区治理，健全社区协商机制，推动邻里互帮互助。三是提升城市法治水平。党的十八大以来，北京健全了区、街道、社区党建工作协调委员会等基层党建体系，完善了城市治理法制体系，依法开展城乡社区议事协商，以创新"共治法治"实现"精治"，有效缓解了小区停车、物业管理、环境整治等治理难题，大幅提升了精准治理的效能。

"大鹏之动，非一羽之轻也；骐骥之速，非一足之力也。"新时代新目标新要求需要首都治理在新的历史起点上有新形象新作为新担当，北京只要牢记初心使命，不断提升首都治理水平，就一定能够建设成为国际一流的和谐宜居之都。

参考文献

蔡奇，2018，《以永远在路上的执着把全面从严治党引向深入》，《北京日报》
    2 月 14 日。
王灏，2018，《首都城市治理的朝阳探索》，《前线》第 12 期。

点睛都市圈　搞活城市群*

赵　弘**

都市圈，是以一个经济势能强大的中心城市为核心，带动地域相邻、联系紧密的城镇所形成的经济社会高度一体化的区域。在现代都市圈中，中心城与周边城镇往往通过轨道交通强化同城效应，建立与现代治理要求相适应的扁平化区域治理体系，以最大程度地优化区域资源配置，实现协同发展目标。都市圈主要解决"1 小时通勤圈"范围内的功能布局和资源配置问题。中心城市各自形成都市圈，地域相邻的多个都市圈强化相互之间的经济社会联系，就构成空间尺度更大的城市群。京津冀既要建设城市群，也要重视都市圈。习近平总书记在 2014 年"2·26"讲话中指出，要面向未来打造新的首都经济圈。《京津冀协同发展规划纲要》明确提出，要"加快打造现代化新型首都圈"。这里的首都经济圈、现代化新型首都圈，实际上就是都市圈的范畴。

　＊　原载《前线》2019 年 9 月 5 日。

　＊＊　赵弘，北京市社会科学院副院长。

都市圈是提高城市承载能力和运行效率、避免出现城市病的重要战略空间

当前，京津冀协同发展还面临着疏解对象动力不足、承接地引力不强等问题。问题根源在于京津冀地区都市圈的建设还不够成熟，轨道交通、公共服务等条件还不够完备，一定程度上阻碍了中心城市对周边区域辐射带动作用的发挥。

从理论上讲，城市形成与发展的内在动力在于资源集聚效应或规模经济。但当城市规模超过一定限度，或城市功能在单一区域过度集聚，就会转向规模经济的反面——出现规模不经济或拥挤效应，降低城市运行效率，爆发城市病。都市圈通过"大分散、小集中"的布局模式，使城市功能分散化，由中心城和不同板块、组团、卫星城、新城等共同承担，从而实现大尺度分散、中尺度开放、小尺度集中，形成分工协作、有机联动的空间格局。这样既可以避免人口、功能在中心城单一空间上过度集聚带来的规模不经济问题，又能通过分散组团享受到城市资源集聚的规模效应。

都市圈分散化、组团式空间格局最重要的实践之一是"主城—新城（卫星城）"模式。比如，伦敦早在1946年就通过了《新城法》，掀起了"新城运动"。用30年时间，分3个阶段建设了33个新城、卫星城，容纳了23%的城市居民，对缓解伦敦市区压力、分散城市功能起到了积极作用。现在国外占主流的第四代卫星城，不是传统认识中的"睡城"，而是科技卫星城、教育卫星城、医疗卫星城、文化卫星城、特色产业卫星城等。它能够提供充足的就业岗位，实现50%以上甚至更多的居住人口在本地就业。

都市圈规划建设的不完备是城市病的根源。一些大城市在发展中未能形成真正意义上的都市圈空间结构，资源集聚的需求没有在空间上有序释放，规模不经济的问题得不到解决，最终演变为城市病。比如北京，面对来势迅猛的城市化浪潮，对特大城市和都市圈的发展规律认识不足。特别是在我国城市化推动人口集聚一般性规律作用和首都特殊性规律作用之下，对首都城市的发展规律、特点、问题以及如何应对等研究不足。城市规划对城市科学发展的引导作用不充分，"单中心"城市格局长期未能突破，与交通结构不合理的缺陷相互叠加，使得城市病提前爆发、日益严重。北京早期城市规划曾提出"边缘集团""卫星城"等概念，2004版城市规划也提出建设11个新城的方案。但是，边缘集团距离中心城太近，仅承担单一居住功能，没有快速交通做支撑，反而带来巨大的潮汐式交通压力。同时，北京交通供给体系不完备，突出表现为中心城地铁密度不足、市郊铁路建设滞后两个短板，使得城市骨架未能拉开，交通承载能力低、运行效率低，进而使卫星城、新城与中心城之间的资源流动不顺畅，缺乏吸引力，不能充分发挥分散城市功能的作用。

国际上不乏通过建设都市圈缓解城市病问题、提升城市群竞争力的正面案例。以东京都市圈为例，从1958年起，东京分三个阶段建设了池袋、新宿、涩谷、大崎、上野—浅草、锦系町—龟户、临海7个副都心，形成"一主七副"多中心格局，大大提升了城市综合承载力。在东京都市圈范围，加快发展新干线和市郊铁路，引导东京的居住、工业、商务、行政、科研、教育等功能向轨道交通沿线的八王子、川越、千叶、筑波、横滨等22个业务核都市转移，形成带状产业密集区。又比如美国波士华城市群，纽约、波士顿、费城、华盛顿等中心城市及其周边市镇都形成了各自的都市圈，都有占优势的产业部门。纽约强化金融、商贸等高端服务功能，华盛顿围绕行政功能发展现代服务业，波士顿突出高教功能与集聚高科技产业，费城凸显医疗服务功能和特色制造优势。这形成了分工合理、互补互促的发展格局，带动城市群功能不断提升，增强了城市群的经济稳定性和竞争力。

京津冀协同发展的核心在于提升都市圈战略价值。既要解决北京的城市病问题，也要防范区域内其他城市遭遇城市病困扰。高德地图《2019 年 Q1 中国主要城市交通分析报告》显示，石家庄、保定、唐山的拥堵指数都排在全国前 50 名。其背后原因基本一致，即这些城市对都市圈的发展规律认识不够，城市"摊大饼"式发展，功能布局不合理，导致运行效率低下。如石家庄的主城区在滹沱河以南，空间狭小、功能集中、人口密集。《河北省城镇体系规划（2016—2030 年）》提出，到 2030 年石家庄要形成特大城市，现在的空间格局显然无法支撑，亟须北跨滹沱河，加快建设正定新区等新的组团，形成都市圈发展格局。

建设京津冀现代都市圈的四个关键要素

疏解北京非首都功能、推进京津冀协同发展要取得稳定持久成效，就要在区域空间战略上谋长远、谋根本，使各个城市的发展都符合都市圈建设的内在规律要求。这样才能解决或避免城市病问题，以都市圈为基础建立的京津冀城市群才是更具有效率和生命力、高质量和可持续的城市群。

创新理念，认真审视城镇化历程，从城市发展规律角度反思城市病根源，寻找解决之道。改革开放以后，我国城镇化建设取得巨大成就。2018 年城镇化率达到 59.58%，城镇常住人口达到 8.31 亿人。我国预计用 40 年时间就能完成城镇化率从 30% 提升到 70% 的快速城镇化进程。这一阶段法国历时 120 年，美国历时 100 年。伴随快速城镇化进程，城市病也由一二线城市向三四线城市蔓延。我们不能简单地、表象化地将城市病的根源归结为人口多，而看不到大都市、都市圈发展的规律要求。全国最拥堵的 20 个城市中，有北京、上海等人多车多的大都市，还有一些规模不算大的城市。比如银川，常住人口不到 300 万人，机动车不到 100 万辆，也出现了城市病。城市病背后是对都市圈发展规律认识不足，是城市发展理念的问题。如果只看到都市，看不到都市圈，结果就是大城市"摊大饼"式发展、中小城市延续大城市空间无序蔓延的老路子，最终出现城市病。基于这种认识，从解决城市病到避免城市病，都需要构建功能分散化、多中心且有机联系的都市圈空间格局，处理好城市发展中积聚和效率的关系，避免城市功能、人口在单一空间上集聚而产生的规模不经济问题。

加强"一核两翼"协同发展，以都市圈建设提升区域整体承载力。习近平总书记指出，要以首都为核心，北京城市副中心和河北雄安新区为新的两翼，推动京津冀协同发展，建设世界级城市群。"两翼"是疏解非首都功能的集中承载地，共同承担着解决北京城市病的历史重任，从一开始就要遵循都市圈的规律要求，进行前瞻性布局，按照分散化、组团式的思路来设计城市格局，建设没有城市病的城市。在《河北雄安新区规划纲要》中，"组团"这个词就出现了 36 次之多，明确提出"逐步形成城乡统筹、功能完善的组团式城乡空间结构"，具体格局为"一主、五辅、多节点"。"一主"即起步区，本身要按组团式进行布局，"五辅"即雄县、容城、安新县城及寨里、昝岗五个外围组团，"主"与"辅"之间要建设生态隔离带。北京城市副中心要做好城市规模管控与功能分散化布局，统筹通州全域及周边的三河、大厂、香河、武清等区域，前瞻性谋划若干副中心的外围组团、卫星城，分阶段推进建设。"一核两翼"之外，石家庄、唐山、保定、邯郸等区域性中心城市，需要积极谋划新的功能板块，严格控制主城区、老城区的规模和密度，防止在单一空间上"摊大饼""摊厚饼"，实现都市圈范围的功能分散化、布局合理化。

将轨道交通建设放到突出位置。都市圈范围内，各功能组团、新城、卫星城只有与中心城保持紧密联系，才能对人才、资本等要素产生吸引力。相对单一依托公路、高速公路可能带来的潮汐拥堵问题，轨道交通特别是市郊铁路对于强化都市圈的交通联系不可或缺，是都市圈建设的重要支撑条件。市郊铁路规划建设要和城市规划同步进行。市郊铁路应自成体系地规划建设，尽量独立于国家铁路系统之外来运营。国家铁路要保障运输的安全和高效，很难挤出富余资源、安排合适的车次来满足早晚高峰的通勤需求。市郊铁路要求小站点、与地铁系统无缝衔接、方便快速换乘，国铁系统的车站难以满足这种需求。

建立可持续的规划实施保障机制。都市圈建设往往需要几十年、上百年，是一个长期持续的过程，需要一张蓝图绘到底，一茬接着一茬干，这就需要有效的制度来保障。比如美国华盛顿1791年制定的城市规划总体框架及原则至今还在实施，每个阶段虽然会调整完善，但大格局一直延续，不能轻易变动。规划的权威性避免了华盛顿市区"摊大饼"式扩张，商业、生活、娱乐等城市功能扩张的需求沿6条放射轴线分散到周边，发展起一批卫星城，形成华盛顿都市圈。要创新城市规划实施的保障机制，包括城市体检机制、管控机制、监督机制、追责机制等，避免城市规划建设上的短期化行为，久久为功，最终建设成承载力强、可持续发展的都市圈和世界级京津冀城市群。

遗产廊道与北京长城文化带构建[*]

景俊美[**]

    北京长城文化带构建是一项复杂的系统工程，涉及政府、非政府组织、公众等相关利益主体，需要对遗产进行动态化管理。在具体的行动路径上，需要在精准评估、分层判别，资源挖掘、景观规划，解说展示、系统设计，公共服务、交通等基础设施建设四个方面有机配合，打造"山水长城、人文北京"，不断提升北京地区的区域活力。

    长城作为中华民族的象征之一，历经 2000 多年，形成了一个复杂且庞大的系统。今天，长城早已脱离了原有的军事防御工程性质，进入文化遗产保护的范围。北京长城作为万里长城的核心区域，是全国长城景区中开放时间最早、接待游客数量最多的地区，有较好的文化、生态和经济基础。作为北京市"十三五"规划纲要的重要建设项目，北京长城文化带主要分布在北京西部和北部区域，是重要的绿色生产涵养区和民俗旅游区。北京长城文化带的构建，有利于推动长城周边区域资源的整合利用与协调发展，形成具有北京特色的文化旅游新格局。

---

  * 原载《前线》2019 年 10 月 5 日。

  ** 景俊美，北京市社会科学院科研处副处长、副研究员。

遗产廊道（Heritage Corridor）是大型遗产区域性、整体性保护与开发的新理念、新方法，起源于 20 世纪后期的美国，是对较大范围内遗产保护的一种有益探索，与我国文化遗产具体状况和遗产保护开发现实情况有契合之处，有助于帮助建设北京长城文化带。作为一种系统化保护措施，遗产廊道主要包括物质性的遗产区域、游览性的交通线路、沟通性的解说系统以及生态性的绿色廊道。在具体的文化遗产资源保护应用中，注重对遗产资源的保护和恢复，反对大拆大建；尊重现存的自然社会景观，在取材、设计等方面相互协调；合理开发遗产资源，分区域、分时段开放。

构建北京长城文化带的必要性

借鉴遗产廊道理论构建北京长城文化带，首先要对构建的价值意义、面临的主要问题和资源情况做全面梳理，确认长城文化带构建的必要性与紧迫性。

构建北京长城文化带的价值意义。北京长城文化带构建对长城及其周边资源整体保护开发有重要价值。北京长城一直是历代封建社会的军事要塞，至今仍遗存大量的历史文物。它弥补了历史文字记载的不足，对于研究中国古代北方军事活动有重要的历史价值。例如，北京长城保留着中国古代的建筑构造工艺及材料，其附属的古村落城堡部分保存着中国古代的生活习俗和非物质文化技艺，这些有助于研究中国古代北方的文化习俗。北京长城地处西部和北部山区，是北京城乡空间布局结构中自然生态系统的重要组成部分，其所处的山脉是构建北京自然涵养系统的理想依托。开发较为成熟的八达岭长城可以为北京长城其他段落的开发提供经验，从而促进北京旅游业的整体发展。北京长城作为国内外的知名地标，成为很多展会的首选，如电影发布会、音乐会等。这促进了北京长城地区的经济发展。

构建北京长城文化带面临的主要问题。构建北京长城文化带面临诸多问题，主要包括：缺乏统一规范、管理模式不一。在规划管理上，缺乏整体展示系统和统一的旅游规划。北京长城多以点状分散展示和攀岩观光为主，使得长城深层的综合防御体系、地域文化特色及历史文化价值等方面难以被大众熟知。比如明朝设立的九边重镇中的蓟州镇、其东、中、西三段防守系统，以及戚继光在负责蓟州军事防务时进行的改良等都没有得到整体而有效的展示。在管理模式上，有区级政府为主导的模式，如八达岭长城；有旅游公司为主导的模式，如古北水镇（司马台长城）；还有大量以村镇为主导的模式，如响水湖风景区（响水湖长城）。不同的模式在管理水平上有较大差异，使北京长城文化带构建在现实中充满着不均衡性，直接导致北京长城"旅游极化现象"突出。以北京长城中的"名牌"——八达岭长城为例，2016 年 1 月至 10 月，最大日承载量超过 10 万人次，共接待游客超过 800 万人次。相比之下，司马台长城、黄花城水长城等景区游客则相对较少。如此不均衡的游客分布，不利于北京长城景区的可持续发展。

构建北京长城文化带的资源情况。北京长城文化带的资源有两个显著特点：一是遗存相对丰富，二是对资源的统计较为完整。北京长城文化带区域涉及长城的景区有 34 处，其中八达岭长城、慕田峪长城被评为国家 5A 级景区。此外，北京还有大量的"野长城"属于非开放区域，但也受到了很多旅游和摄影爱好者的追捧。北京长城沿线的 140 多处古村落，大多发展为民俗旅游区域，成为当地经济的重要支柱。这些展示资源由官方进行了完整的调查，为后续北京长城文化带的构建工作奠定了基础。

构建北京长城文化遗产廊道的具体路径

明晰相关行动主体的权责与义务。对于北京长城文化带的构建实践，要发挥好政府、非政府组织、公众三者之间的配合和协作作用。政府作为北京长城文化带的设计者应做好规划和组织工作，设立相关机构进行专项管理，合理配置资源，统筹文化带构建。非政府组织应在资源的深度挖掘、生态保护、旅游服务等方面发挥应有的作用，积极吸纳包括志愿者在内的广大民众深入参与，形成文化带共建、共享的局面。同时，北京长城文化带要重视时间和空间的动态性、系统性。有学者在借鉴美国国家遗产廊道的动态管理模式基础上，提出"整体观照，区域管理""推进公众参与、伙伴制管理""加强监督、监测管理"等思路，这些都有助于推进长城文化带的构建。

精准评估——分层判别。在遗产廊道资源评估方面，有学者提出以"功能相关、空间相关、历史相关"为准则，划分遗产廊道的保护层次并构建其价值评估体系。或者针对"点、线、面"提出不同层级的保护策略及专项措施，从理论上有效指导相关遗产廊道的保护与管理实践。通过对资源的探勘与汇总，形成对北京长城文化的初步认识。对已知资源进行精准评估，确定资源种类，进行分层判别，为下一步的资源深度挖掘奠定基础。政府要合理规划，最大限度展示北京长城文化带各区域的价值，从而增加整体的附加值。

资源挖掘——景观规划。北京占据全国长城资源的 5.38%，除已开发的八达岭、慕田峪、司马台、居庸关等部分长城外，还有大部分未开放的"野长城"集中在欠发达的边远地区，这些资源都值得进一步深入挖掘。具体而言，要在前期评估和分类基础上，设计资源挖掘流程和路线，同时结合当地城市景观规划进行系统选择。基于此，北京进行了有益的探索，规划设立北京长城国家公园体制试点区。延庆区八达岭长城区域作为第一批入选单位，主要划分为五大类，包括世界遗产、自然保护区、风景名胜区、地质公园、森林公园。如世界文化遗产明十三陵、八达岭—十三陵风景名胜区（延庆部分）、密云雾灵山自然保护区、北京八达岭国家森林公园、中国延庆世界地质公园八达岭园区等。国家公园体制作为遗产廊道的重要体现，有助于将生态、经济、文化三方面的价值进行统合，与北京长城文化带构建形成有机合作。

解说展示——系统设计。对于遗产廊道而言，解说系统是最后的呈现环节，国内不同学者对其研究的侧重点和组织体系有所不同。有人从遗产的所在地点和展示内容出发，设计了结合静态的展览、图片展示、动态的幻灯片放映、自我导向型设备、讲解员解说和参与性活动等为一体的解说系统。有人按照时间顺序，将遗产点进行主题分类，同时进行解说系统的线索与主题提炼，形成解说系统。除了运用空间原则和时间原则，还有学者从解说主题的层次出发，借鉴美国伊利运河国家遗产廊道的经验，构建核心解说主题、次级解说主题、解说主题和代表区域组成的解说框架，将层级解说系统分为解说框架、解说媒介、标示系统三个部分。北京长城文化带要有核心主题，统合各子主题，形成一个特色鲜明、规划科学的解说框架。根据解说框架选择相应的解说媒介，既可以使用传统的视听媒介，也可引入新型的VR、AR等媒介形态，拓展传播样态。建构具体的长城文化带标示内容，设计相应文字、图片、视频等视听材料，全方位展示北京长城文化带的历史演变、文化内涵和民俗特色。

加强公共服务基础设施建设。作为一种现代化的遗产保护策略，遗产廊道理论注重对基础设施的建设，尤其是交通系统与原有文化遗产的有机融合。北京长城文化带的游览路径按照距离远近，大致可以分为短途的公路汽车路径，中途的"铁路＋公路"路径和远途的空中路径。依托北京作为首都的区位优势，三条交通路径都相对较为便利。但北京长城多位于北部、西部山区，地势起伏不定，交通相对不便。应把这些"边缘地区"纳入全市交通网，打通"最后一公里"。坚持定制化思维，根据前期调研情况，合理配置相应设施的规格与数量，因地制宜建设医疗卫生、娱乐等基础设施，避免将整个文化带用"一刀切"思维进行布局。

北京老城保护的新路径[*]

王建伟[**]

用新视点审视老城保护

北京老城特指明清北京护城河及遗址以内（今二环路以内）的城市建成区，面积约 62.5 平方公里。自元代始，北京老城在绝大部分时段里都是中国大一统王朝的政治中心所在地，历经近千年的历史演进，迄今仍保留较为完整的传统规制与街巷格局。老城内汇集众多历史文化遗产，不仅是中国古代都城建设的伟大杰作，在整个人类文明发展史上也是一种非常重要的文化类型。2014 年与 2017 年，习近平总书记两次视察北京期间都对老城保护工作提出了新要求。2015 年与 2017 年，《京津冀协同发展规划纲要》与《北京城市总体规划（2016 年—2035 年）》（以下简称"新总规"）相继出台，配合北京城市副中心与雄安新区规划，以北京中心城区为基准的"一核两翼"空间布局正逐渐成形。随着首都功能核心区建设的提速，北京城市发展进入了新时段。站在新的历史起点上，有必要以更宽阔的

* 原载《前线》2019 年 11 月 5 日。
** 王建伟，北京市社会科学院历史研究所研究员。

视野、更高的标准、更长远的眼光，重新审视北京老城的保护
与复兴。

首都功能核心区建设为老城保护提供了新契机

2019 年 1 月 11 日，北京市四大班子在位于通州区的新址举
行揭牌仪式，标志着北京市级行政机关正式搬迁至通州城市副
中心。著名地理学家、城市规划专家侯仁之院士曾有北京城市
建设史上的三大里程碑之论，第一个里程碑是明代紫禁城的修
建，第二个是新中国建立初期天安门广场的扩建，第三个是
1990 年亚运会与 2008 年奥运会主要场馆选址北京城市北部。如
果侯仁之先生有幸见证今日，完全可以将通州区的城市副中心
建设称为北京城市发展史上的又一座里程碑。

北京市级行政机关搬迁与首都功能核心区建设以及城市未
来的总体发展方向密切相关。早在 2012 年 7 月，《北京市主体
功能区规划》中已经出现了"首都功能核心区"的提法。2017
年 9 月公布的新总规对这一概念进行了明确定位：涵盖东城区、
西城区，总面积约 92.5 平方公里，是全国政治中心、文化中心
和国际交往中心的核心承载区，是历史文化名城保护的重点地
区，是展示国家首都形象的重要窗口地区。2018 年 11 月，蔡奇
书记在东西城考察时要求首都功能核心区必须坚持一本规划、
一个标准、一套政策。2019 年 1 月 15 日，北京对外明确宣布，
首都功能核心区控制性详细规划将由市规划和自然资源委联合
东、西两个城区共同编制，两区不再单独编制分区规划。

市级机关东迁与首都核心功能区建设，不仅可以在一定程
度上破解北京城市发展的深层次矛盾，为老城保护也提供了新
的历史机遇。服务中央、政务保障是首都功能核心区的首位职

能。蔡奇书记明确提出，首都功能核心区建设要紧紧围绕服务党和国家工作大局来谋划各项工作。北京老城位于首都功能核心区之内，可以说是核心区的核心。做好老城保护是有效发挥核心区政务保障职能的必然要求，二者不仅在空间上高度重合，而且在目标方向上也具有高度一致性。在新的时代背景下，老城保护需要与首都功能核心区建设紧密配合，通过非首都功能疏解、降低人口密度与建筑规模，从根本上缓解居住、办公、交通、商业等建设需求对老城文化的冲击。通过改善基础设施，为核心区营造优美的政务环境。在空间形态方面，尊重并保持老城内的街巷胡同格局和空间尺度，不再拓宽老城内现有街道，修补街道肌理，利用绿化景观手段优化街道尺度，严格控制建筑高度，总体上保持平缓开阔、提升政务安全。市级机关搬迁之后，可以实现一定数量的文物腾退，直接带动老城内一些非首都功能的转移，从而为国事外交活动提供更多设施优良并具有文化品位的场所。

在具体的老城保护机制方面，首都功能核心区建设可以打破原有的区域分割，通过建立更高级别的管理机制与协调机制，从更高层面统筹整合区域内部的各种行政力量，提升保护工作的力度与水平。首都功能核心区将编制老城整体保护规划和核心区控制性详细规划，这将为老城保护提供更强约束的制度保障与实施保障、提供更高的标准与更明确的方向，最终目标是将老城建设成为承载中华优秀传统文化基因的代表性区域。

在新的时代背景下探索老城保护的新路径

相对于以前的城市总体规划，新总规的一个明显区别是用"老城"代替"旧城"，一字之别体现了对老城价值判断的变化。千百年文化积淀的历史产物不再被定义为被动的改造对象，不再被视为城市发展的包袱与负担，而是城市环境品质提升的机遇与资产，将老城保护提升到一个新高度。

老城的结构、肌理、尺度，保留了北京长期作为大一统王朝政治中心所在地的历史痕迹。伴随那些带有悠久历史感的建筑与院落的拆除，我们开始反思老城历史街区情感联系的疏淡，痛惜那些承载集体记忆的文化符号的流失。如今，作为首都"四个中心"功能的核心承载区，以及承担"建设国际一流的和谐宜居之都"战略目标的重要区域，老城保护需要探索更加契合时代要求的新模式与新路径。

在新的历史条件之下，老城保护已经不再是一个孤立的事件或现象，而是一项综合性、系统性工程，与街区更新、城市治理关系密切，涵盖规划、建设、管理等多个层面。老城复兴的关键在于街区更新，老城保护的出路也在于街区更新。街区更新内容包括功能优化、业态提升、环境整治、特色风貌塑造、文化培育等内容，最终实现人居环境和城市品质的整体提升。这是一个既包含对传统城市形态的保护，又包含现代城市形态的再生过程，兼顾保护和发展两个层面。应该摒弃静止性保护的思维定式，坚持动态性原则，通过更加精准的功能定位赋予老城更多活力，实现街区再生。老城改造应积极参与到城市化进程之中，对老城保护模式的探索也是对城市发展道路的探索，二者不是相互对立的，完全可以实现有机共生。

老城保护发展到当前阶段，已经不再等同于单纯的物质空间的保存与修复，还在于人文环境的延续，在于接续因城市快速发展而逐渐断裂的文化脉络。具体而言，不仅关注物质空间的提升，还有环境景观的构建与精神家园的营造。在此基础之上建立起人与城的内在情感联系，让在地居民有认同感、归属感、获得感，让街区的历史与文化真正浸入百姓的日常生活。总之，要从街区物理空间的更新提升进入到文化的深层。

老城人文环境的营造要特别重视公共空间的作用。公共空间既是城市特色和社区活力的主要载体，又可作为节点将各个割裂的历史遗存串联起来，形成文化线路。老城受制于既有的街巷格局，高质量、多层次、具有主题特色的公共空间相对不足，尤其是绿色空间匮乏。可以考虑利用街巷边角地建口袋公园、街心绿地、社区博物馆等，充分发挥这些空间的社会价值与情感纽带作用。

老城具有独具特色的肌理与脉络，由具有历史感的建筑以及众多文化遗存为代表的"细胞"组成。随着时代演进，"细胞"逐渐衰老，老城的市政设施和公共环境也越来越不能满足城市发展的需求。保护老城的肌理，关键在于对"细胞"的修复与再造。传统的旧城改造模式已经显露出众多弊端，"微更新"是近年来出现的一种新的城市改造理念。这种模式采取政府主导、企业示范、社会力量参与、本地居民共建有机结合的方式，按院落、街巷、片区等逐步深入，先易后难，由小及大，从一楼一院到一街一巷，从个别到整体。"微更新"强调小规模、渐进式，提倡自上而下的整体规划和自下而上分阶段实施，强调对建筑与空间进行小规模、局部性的改造以完成迭代更新。这种方式更加符合当下社会、经济政策背景，是对现行更新模式的有效补充，已经在越来越多的个案项目中得到应用。

理想的老城保护模式是在改造物质空间基础上，实现人文环境的复兴。在保护有形的街区格局、建筑遗存以及风貌特征的同时，还要注重那些无形的因素，包括植根于老城内部的生活方式、礼仪风俗等。2019 年春节前夕，习近平总书记在北京前门东区看望居民时提出，一个城市的历史遗迹、文化古迹、人文底蕴，是城市生命的一部分。文化底蕴毁掉了，城市建得再新再好，也缺乏生命力。要把老城区改造提升同保护历史遗迹、保存历史文脉统一起来，既要改善人居环境，又要保护历史文化底蕴，让历史文化和现代生活融为一体。从这个意义上说，老城人文环境复兴的关键在于保持在地居民对街区的集体记忆与文化认同。城市建设不仅应着力于外在的风景，还要以市民生活为本位，在那些看不见的地方多下功夫，建立起真正宜居、有活力、有人情味的城市文化环境。

老城一直是北京作为世界文明古都的最精华的物质展现，具有不可替代的历史地位。北京历史文化名城的根基始终在老城，历史文化保护工作的重心仍应落实到老城，同时兼顾其他区域。北京老城保护需要进一步聚焦习近平总书记"建设一个什么样的首都，怎样建设首都"的时代课题，真正实现"首都风范、古都风韵、时代风貌"。

图书在版编目（CIP）数据

北京市社会科学院研究基地成果汇编. No. 2 / 北京
市社会科学院编 . -- 北京:社会科学文献出版社,
2020.7

（北京市社会科学院文库）

ISBN 978 - 7 - 5201 - 6981 - 3

Ⅰ.①北… Ⅱ.①北… Ⅲ.①社会科学 –研究成果 –
汇编 –北京 Ⅳ.①C121

中国版本图书馆 CIP 数据核字（2020）第 137834 号

北京市社会科学院文库

北京市社会科学院研究基地成果汇编 No. 2

编　　者／北京市社会科学院

出 版 人／谢寿光
责任编辑／佟英磊　李　薇

出　　　版／社会科学文献出版社·群学出版分社（010）59366453
　　　　　　地址：北京市北三环中路甲 29 号院华龙大厦　邮编：100029
　　　　　　网址：www. ssap. com. cn
发　　　行／市场营销中心（010）59367081　59367083
印　　　装／三河市尚艺印装有限公司

规　　　格／开　本：787mm × 1092mm　1/16
　　　　　　印　张：11. 75　字　数：141 千字
版　　　次／2020 年 7 月第 1 版　2020 年 7 月第 1 次印刷
书　　　号／ISBN 978 - 7 - 5201 - 6981 - 3
定　　　价／128. 00 元

本书如有印装质量问题，请与读者服务中心（010 – 59367028）联系